O CAVALARIÇO de AUSCHWITZ

HENRY OSTER
E DEXTER FORD

O CAVALARIÇO de AUSCHWITZ

Tradução
José Roberto O'Shea

1ª edição

EDITORA RECORD
RIO DE JANEIRO • SÃO PAULO
2025

CIP-BRASIL. CATALOGAÇÃO NA PUBLICAÇÃO
SINDICATO NACIONAL DOS EDITORES DE LIVROS, RJ

O94c   Oster, Henry H., 1928-2019.
        O cavalariço de Auschwitz / Henry Oster, Dexter Ford ; tradução José Roberto O'Shea. - 1. ed. - Rio de Janeiro : Record, 2025.

        Tradução de: The stable boy of Auschwitz
        ISBN 978-85-01-92402-5

        1. Oster, Henry H., 1928-2019. 2. Auschwitz (Campo de concentração). 3. Sobreviventes do Holocausto - Narrativas pessoais. 3. Autobiografias. I. Ford, Dexter. II. O'Shea, José Roberto, 1953-. III. Título.

25-96548   CDD: 940.5318092
                        CDU: 929:94(100)'1939-1945'

Gabriela Faray Ferreira Lopes - Bibliotecária - CRB-7/6643

Copyright © Henry Oster e Dexter Ford, 2014
Publicado no Reino Unido em 2023 por Thread.

Imagens de capa: Stephen Mulcahey / Arcangel Images (menino); Perekotypole / Shutterstock (listras); Abramova Kseniya / Shutterstock (cavalo); Diego Grandi / Shutterstock (Auschwitz II - Birkenau); Oleg Krugliak / Shutterstock (arame farpado).

Texto revisado segundo o Acordo Ortográfico da Língua Portuguesa de 1990.

Todos os direitos reservados.
Não é permitida a reprodução total ou parcial desta obra, por quaisquer meios, sem a prévia autorização por escrito da Editora.

Direitos exclusivos de publicação em língua portuguesa somente para o Brasil adquiridos pela:
EDITORA BERTRAND BRASIL LTDA.
Rua Argentina, 171 — 3º andar — São Cristóvão
20921-380 — Rio de Janeiro — RJ
Tel.: (21) 2585-2000,
que se reserva a propriedade literária desta tradução.

Seja um leitor preferencial Record.
Cadastre-se no site www.record.com.br e receba informações sobre nossos lançamentos e nossas promoções.

Atendimento e venda direta ao leitor:
sac@record.com.br

Este livro é dedicado à memória dos meus pais, Hans Isidor Oster e Elisabeth Haas Oster, e à memória dos 12 milhões de vítimas inocentes, incluindo 6 milhões de judeus, 1,5 milhão de crianças e 16 membros da minha própria família, que morreram em consequência da atrocidade alemã na Segunda Guerra Mundial.

Também é dedicado a Ivar Segalowitz, meu melhor amigo neste mundo desde o dia em que esbarramos os cotovelos, deitados em um estrado de madeira, no campo de concentração de Buchenwald, em 1945, até seu lamentável falecimento, em 2014.

Quando não tínhamos mais nada a perder, nos encontramos.

Henry Oster
Woodland Hills, Califórnia
31 de julho de 2014

Introdução

A gênese deste livro teve início no consultório de optometria do Dr. Henry Oster, em Beverly Hills. Eu era um de seus muitos pacientes, um paciente ranzinza.

Enquanto ele fazia óculos para mim — par após par —, eu sempre encontrava um jeito de reclamar da receita. Quando concordávamos que meu olho direito precisava de correção do astigmatismo em determinado ângulo, no momento em que os óculos ficavam prontos, eu sempre solicitava alguma alteração. Finalmente, aflito, ele me cedeu uma velha armação para testes — óculos antiquados, de aparência estranha, mas com ajustes que me permitiam mudar as lentes como eu bem entendesse.

Comecei como paciente, mas logo me tornei um amigo. Eu tinha curiosidade de saber como tudo funcionava, e Henry, um professor nato, adorava explicar. Consultas que com qualquer outro optometrista durariam dez minutos, às vezes, duravam horas, nós dois conversando sem parar, enquanto o estafe do consultório se esforçava para reagendar outros pacientes.

Acabei comparecendo aos célebres almoços por ele promovidos no tér-reo, no restaurante Nibblers, situado na Wilshire Boulevard, unindo-me ao grupo, enquanto Henry recebia um elenco sempre variado de amigos e pacientes. Henry é vinte e cinco anos mais velho do que eu, mas fiquei fascinado por sua energia e contagiante alegria de viver.

Henry parecia tratar cada novo dia como uma dádiva inesperada: estava sempre disposto a aproveitá-lo, e convencer as pessoas ao seu redor a fazerem o mesmo. Ele era — e é — companhia das mais divertidas.

Um belo dia, enquanto ele tentava, sem grande sucesso, equipar-me com mais um par de lentes de contato, notei uma tatuagem esmaecida e ligeiramente torta, em preto-azulado, no seu antebraço esquerdo: B7648.

— Que tatuagem é essa, Henry? — perguntei.

Esta é a história de como aquela tatuagem foi parar ali. E de como, contrariando probabilidades inimagináveis, depois de perder quase tudo que um ser humano pode perder, Henry Oster sobreviveu.

Dexter Ford
Manhattan Beach, Califórnia
Julho de 2014

Capítulo 1

Um menino alemão

Muito tempo atrás, eu era um menino alemão de cinco anos. Heinz Adolf Oster.

Era um garoto xereta, vigoroso e esperto, com cabeleira preta, muita curiosidade e limitada capacidade de ficar parado por muito tempo.

Uma das minhas primeiras lembranças é de caminhar pelas calçadas arborizadas de Colônia, a majestosa e histórica cidade alemã onde residíamos, acompanhando meu pai, que, na ocasião, saía para votar nas eleições alemãs de 1933. Aquela foi, como se sabe, a eleição que permitiu a Adolf Hitler e seu Partido Nacional Socialista — os nazistas — tomarem o poder na Alemanha.

Eu não fazia ideia da importância daquele dia, nem das consequências daquela eleição. Ninguém fazia ideia, nem mesmo o próprio Adolf Hitler, provavelmente. Mas eu me lembro do meu pai — Hans Isidor Oster —, segurando minha mão enquanto saíamos do nosso apartamento e descíamos a rua até a cabine de votação.

Meu pai era alto, esguio, circunspecto e respeitado. Na rua, as pessoas o reconheciam, sorriam e tiravam o chapéu. Amigos abaixavam-se para falar comigo, o menininho dele, vestido de Pequeno Lorde Fauntleroy, em nossa incursão. Lembro que ele fumava cigarro constantemente — aquilo parecia torná-lo mais altivo, mais maduro, mais importante.

Era uma satisfação sair com meu pai, só nós dois. Ele gerenciava pequenas lojas de departamentos, e estava sempre bastante ocupado; portanto, eu passava muito mais tempo com minha mãe do que com meu pai.

Lembro que depois de deixarmos o local de votação, ele me levou até uma confeitaria para comprar *Schlagsahne* — creme de chantilly com sabor de baunilha —, que era como sair para tomar sorvete, hoje em dia. Eu estava muito feliz. Foi um grande dia para mim.

Eu era filho único. Morava com meus pais naquela cidade cosmopolita e elegante, no oeste da Alemanha. Colônia é conhecida por sua antiga catedral gótica, o Domo, com suas torres gêmeas de alvenaria rendada parecendo projetar-se quilômetros acima da cidade.

Não frequentávamos o Domo católico, mas éramos, acima de tudo, uma boa família alemã. Não tínhamos motivos para nos sentirmos menos alemães do que qualquer outra pessoa. Meu pai era veterano do Exército Alemão, da Wehrmacht. Tinha lutado na Grande Guerra — a Primeira Guerra Mundial —, assim como milhões de outros homens alemães. Tinha sido ferido na guerra: ostentava uma cicatriz na face, onde um estilhaço o havia atingido durante um ataque de artilharia. Tinha recebido uma medalha por bravura. Não tinha motivos para não lutar em defesa do seu país — estivesse certo ou errado —, para não lutar por sua pátria. Como qualquer outro bom alemão.

O que havia de diferente conosco era o simples fato de sermos judeus. Isso, na época, não era algo de muita importância para mim. A única diferença que eu percebia, entre mim e as outras crianças alemãs, era que eu acompanhava minha família à sinagoga, nas noites de sexta-feira, em vez de ir à igreja aos domingos. E frequentava uma escola judaica alemã, onde aprendíamos hebraico, junto às demais disciplinas curriculares. Mas eu não tinha a sensação de que éramos diferentes, nem melhores, nem piores, do que qualquer outra família alemã.

Era uma vida confortável e comum. Eu era apenas um irrequieto garoto alemão, com uma bela família, numa grande cidade alemã. Mas quando Hitler e os nazistas chegaram ao poder — bem na época em que eu tinha idade suficiente para compreender o que acontecia ao redor —, tudo começou a degringolar.

A primeira vez que senti que havia algo errado — a primeira experiência de ser excluído, ser diferente, ser perseguido — ocorreu no meu primeiro dia de aula, em 1934.

Assim como qualquer outra criança, eu estava assustado, um pouco tenso. Aos seis anos, saía para o mundo desconhecido, longe dos meus pais, pela primeira vez — estivesse preparado ou não.

Meus pais me acompanharam até a escola; eu levava comigo, todo compenetrado, uma mochilinha de couro que continha uma pequena lousa, um pedaço de giz preso a um barbante e uma esponja, a ser usada como apagador. Usava calça curta, meias e um chapeuzinho, tipo boina, que me identificava como estudante do primeiro ano.

A exemplo de todas as demais crianças, eu carregava um enorme cone de papelão, que meus pais tinham me dado. Parecia um megafone, ou um chapéu de bobo, e estava repleto de itens adoráveis — doces e pequenos brinquedos. Era uma tradição alemã mandar as crianças para o primeiro dia de aula com aquele cone — nós o chamávamos de *Zuckertüte*, ou "casquinha de açúcar" —, no intuito de nos animar enquanto entrávamos naquele mundo novo e estranho. Não tínhamos autorização para abri-lo — eram amarrados com celofane vermelho, o que nos impedia de pegar as guloseimas que estavam lá dentro — até voltarmos da escola. Era uma espécie de recompensa. O meu era quase da minha altura, ou pelo menos assim me parecia.

Mas quando saímos da escola naquele dia, segurando nossas preciosas casquinhas de açúcar, fomos atacados por uma gangue da Juventude Hitlerista, os *Deutsches Jungvolk* e *Jungmädel*. Uma aglomeração grande e barulhenta do lado de fora, à nossa espera na calçada, meninos e meninas não muito mais velhos do que nós. Estavam orgulhosos de si mesmos, todos vestidos de escoteiros nazistas.

Ficamos morrendo de medo. Alguns dos meus colegas abriram um berreiro. Éramos crianças, com apenas seis anos. E, depois da tensão natural do nosso primeiro dia de aula, estávamos sendo atacados, aos gritos, por aquela turba nazista, sem motivo aparente.

Meus pais — e os pais das outras crianças judias — também estavam à nossa espera, do lado de fora da escola, para nos buscar e nos levar para casa. Mas nada puderam fazer para nos acudir. Foram todos empurrados de lado pelos líderes da Juventude Hitlerista, jovens valentões, na adolescência e na casa dos vinte anos.

Lembro-me de ter olhado para cima e visto um mar de uniformes e semblantes ameaçadores. Elas gritavam e zombavam de nós, aquelas crianças enfurecidas, com seu lenço nazista amarrado no pescoço, exibindo a mesma suástica. Os meninos tinham punhais nos cintos. Eram apenas crianças, de dez a catorze anos, mas cada um tinha sua faquinha nazista.

Ao fundo, avistávamos os mentores nazistas e os orgulhosos pais dos integrantes da Juventude Hitlerista, de braços cruzados. Era evidente que os divertia ver os filhos aterrorizando criancinhas judias.

As crianças atiravam pedras em nós. E nos batiam com paus. Fomos obrigados a atravessar aquela espécie de corredor polonês, a fim de escapar e chegar até nossos pais, em segurança.

A Juventude Hitlerista atacou sobretudo nossos *Zuckertüten*. Golpeavam-nos com paus, tentando derrubá-los das nossas mãos. E quando um dos cones se rompia, a criançada se embolava no chão para roubar nossos doces e brinquedos.

Por fim, alguns policiais da cidade de Colônia, que à época não eram necessariamente nazistas, apareceram e interromperam o ataque, dando a mim e às outras crianças judias tempo e espaço suficientes para chegarmos até nossos pais.

Nenhum de nós ficou gravemente ferido — apenas alguns arranhões e pequenos cortes, um pouco de sangue aqui e ali. Mas ficamos chocados.

Naquela manhã, eu tinha ido para a escola cheio de entusiasmo e expectativa, ansioso para ver quão bem me sairia na sala de aula. Quando finalmente cheguei em casa naquela tarde, o mundo era um lugar mais sombrio e perigoso. Minha vida jamais seria a mesma.

Capítulo 2

Uma nação em busca de um líder

Sendo um menino de seis anos, eu não fazia ideia do que estava acontecendo no cenário político, evidentemente. Mas a Alemanha vivia em estado de convulsão à época. O país havia perdido a Primeira Guerra Mundial, e as nações vencedoras — sobretudo França e Inglaterra — exigiam reparações de guerra, confiscando território e enormes somas de dinheiro que a Alemanha, na realidade, não possuía.

Tal como nos Estados Unidos, foi um tempo de dificuldades financeiras, uma grande depressão econômica. Na década de 1920 e no início da década de 1930, o desemprego era imenso. Milhares de homens maltrapilhos vagavam pelas ruas, muitos deles veteranos de guerra, traumatizados e feridos, sem nada para fazer exceto reclamar e conspirar.

A Primeira Guerra Mundial foi um pesadelo para todos os soldados, a despeito do lado em que lutaram. O combate nas trincheiras foi medonho, com milhares morrendo, para conquistar — ou perder — alguns metros de lama e arame farpado. Enfermidades corriam soltas pelos exércitos. Metralhadoras, artilharia, tanques, gás tóxico e bombas lançadas de aviões e zepelins mataram milhões. Os sobreviventes, a exemplo dos soldados de hoje em dia, ficaram marcados para sempre. Milhões ficaram feridos fisicamente. Praticamente todos ficaram feridos em seus corações e suas almas.

A Europa jamais seria a mesma.

Na economia alemã, a inflação se tornou insana: a mesma quantidade de dinheiro valia cada vez menos, a cada dia que passava. Uma fatia de pão custava um milhão de marcos — um carrinho de mão cheio de papel-moeda quase sem valor.

Quando Hitler chegou ao poder — manobrando nos bastidores depois daquela eleição de 1933 —, o povo germânico estava ansioso para seguir um líder, qualquer um capaz de convencê-los de que existia uma saída, um modo de recuperar a força e a riqueza da Alemanha.

Hitler recrutou todos aqueles homens sem lar ou emprego, todos aqueles ex-soldados e ex-combatentes de guerra, e ofereceu-lhes algo pelo qual viver. Deu-lhes uma causa. Eles passaram a ter uma gangue à qual se juntar, algo em que acreditar, por mais bizarra e desumana que tal causa viesse a se revelar. Ele arregimentou qualquer um que lhe desse ouvidos. Libertou prisioneiros e converteu-os à causa nazista — eram criminosos inveterados, vagabundos sem instrução, a escória da sociedade. Fez com que acreditassem que poderiam fazer parte de algo capaz de tornar a Alemanha novamente grandiosa.

E culpou os judeus por quase todos os problemas da Alemanha.

Ditadores e outros líderes muitas vezes inflam o próprio status e poder, convencendo o povo de que está sob ameaça de um "outro" — qualquer grupo que pareça, ou aja, ou tenha crença diferente.

Isso está acontecendo no Oriente Médio. Está acontecendo na Rússia e em Darfur. Aconteceu na Bósnia, na Coreia do Norte e na Síria. Aconteceu em Ruanda, quando milhões de pessoas foram chacinadas pelos vizinhos, incitados por seus líderes.

Basta ouvir os comentaristas de direita na televisão estadunidense. "Tudo estaria muito bem", sempre parecem dizer, "se não fosse por 'eles'". "Eles" pode ser qualquer um. Negros. Judeus. Latinos. Irlandeses. Italianos. Muçulmanos. Imigrantes. Pessoas que frequentam a universidade. Pessoas que não frequentam a universidade. Elitistas. Beneficiários de programas de bem-estar social. Pessoas LGBTQIAPN+. Trabalhadores sindicalizados. Até mulheres. Qualquer pessoa que não seja "nós".

O próprio Herman Goering, membro da hierarquia nazista e comandante da Força Aérea Alemã, a Luftwaffe, declarou em 1946, durante seu julgamento como criminoso de guerra, em Nuremberg:

> [...] o povo sempre pode ser submetido aos ditames dos líderes. Isso é fácil. Basta afirmar que a população está sob ameaça e acusar os pacifistas de falta de patriotismo e de exporem o país ao perigo. Funciona da mesma maneira em qualquer país.

Sentimentos de desconfiança e ódio aos judeus perduravam havia séculos — e continuavam fortes no início do século XX.

A exemplo de muita gente ao redor do mundo — inclusive o piloto e herói Charles Lindbergh e o industrial estadunidense Henry Ford —, Hitler acreditava que os judeus haviam estabelecido uma conspiração internacional. Aliados aos comunistas que chegaram ao poder na Rússia, os judeus tramavam, segundo a fantasia de Hitler, para dominar o cenário político e as instituições financeiras e, eventualmente, o próprio mundo. Hitler também acreditava que alguns judeus, aliados aos comunistas, fizeram com que a Alemanha perdesse a Primeira Guerra Mundial, fomentando greves trabalhistas, subversão política e rebelião nos bastidores — um mito conhecido como *Dolchstoßlegende*: a Facada nas Costas.

Esse mito foi promulgado por políticos alemães no período subsequente à Primeira Guerra Mundial para desviar a atenção da culpa da Alemanha pela derrota. Em 1918, os aliados da Alemanha renderam-se rapidamente, e seu exército estava ficando sem recursos financeiros, suprimentos e reservas, enfrentando as forças cada vez mais fortes da França, do Império Britânico, da Bélgica e dos Estados Unidos. A derrocada da Alemanha era inevitável. Mas a teoria da Facada nas Costas permitiu que muitos alemães — entre eles o próprio Hitler, então cabo do Exército Alemão — acreditassem que a Alemanha não tinha sido realmente derrotada, mas que o esforço de guerra havia sido minado internamente. Em consequência da ação de "outros" — judeus e comunistas.

Assim como muitos nacionalistas mundo afora, Hitler acreditava que os nativos de seus países natais — no caso dele, Áustria e Alemanha — eram superiores.

É uma crença comum. Não muito razoável, mas comum. "Eu sou muito bom", diz essa lógica. "Todos os que comigo se parecem também são bons. Na verdade, quanto mais se parecem comigo, melhores parecem ser. Pensando bem, qualquer pessoa que não seja como eu parece ser pior do que eu. Como explicar isso? Essas pessoas devem ser inferiores."

Hitler formou seu ideário numa época em que a eugenia — a pseudociência que supunha que quase todo o comportamento humano era motivado geneticamente — ganhava popularidade entre acadêmicos e líderes brancos ao redor do mundo. Em muitos países, inclusive a Grã-Bretanha e os Estados Unidos, o movimento eugenista defendeu a ideia de que era direito e responsabilidade dos governos prevenir os "inaptos" de se reproduzir.

A sociedade poderia ser "purificada", impedindo-se — pela força, se necessário — os "inaptos" de terem filhos, os quais, se tivessem permissão para viver, seriam supostamente "inaptos" também. Hitler não foi a única pessoa no mundo que brincou com a ideia de que, a fim de evitar que seres "inferiores" maculassem qualquer sociedade em particular, seria melhor impedi-los de procriar. Ou pior.

Não se tratava apenas de uma ideia marginal, defendida por alguns lunáticos à margem da sociedade. Era lei nos Estados Unidos. Em 1927, numa decisão assustadora relativa ao processo conhecido como *Buck versus Bell*, a Suprema Corte ratificou uma lei da Virgínia que permitia esterilizar, mesmo contra a vontade, indivíduos detidos em instituições psiquiátricas do Estado que fossem considerados "débeis mentais" — termo de significado amplo e genérico.

Carrie Buck, uma jovem de dezessete anos, foi estuprada pelo sobrinho de sua mãe adotiva e engravidou. A fim de evitar a vergonha de ter uma filha grávida e solteira em casa, a família adotiva internou-a numa instituição psiquiátrica. E o estado da Virgínia pretendia esterilizá-la à força.

A decisão da maioria, oito votos contra um, foi redigida pelo Ministro Oliver Wendell Holmes Jr., um dos juízes mais respeitados na história dos Estados Unidos. Parece algo saído do manifesto nazista de Adolf Hitler, *Mein Kampf* [*Minha luta*], obra que, na verdade, foi parcialmente inspirada pelo movimento eugenista estadunidense.

O Ministro Holmes escreveu:

> Já constatamos, mais de uma vez, que o bem-estar público pode exigir dos melhores cidadãos as próprias vidas. Seria estranho se não pudesse impor àqueles que minam a força do Estado sacrifícios menores. Será melhor para o mundo inteiro, se a sociedade, em vez de esperar para executar descendentes degenerados por crimes cometidos, ou deixá-los morrer de fome por conta de sua imbecilidade, puder impedir que aqueles que são manifestamente incapazes propaguem sua espécie. O princípio que sustenta a vacinação compulsória é amplo o suficiente para abranger o corte das trompas de Falópio. Três gerações de imbecis já bastam.

A decisão do Ministro Holmes refere-se a "três gerações de imbecis", ou seja, Carrie Buck, a filha recém-nascida de Carrie, Vivian, e a mãe de Carrie, Emma.

Como resultado dessa decisão da Suprema Corte, Carrie Buck, bem como sua irmã, Doris, foi esterilizada à força. Pelo menos 60 mil outros estadunidenses sofreriam o mesmo destino, com base em leis semelhantes. Mais tarde, tal arcabouço legal serviria de modelo para legislação semelhante na Alemanha nazista, as leis *Erbgesundheitsgericht*, sob as quais 375 mil pessoas, inclusive muitas que eram surdas ou cegas, foram esterilizadas pelo Estado nazista.

Na Alemanha, não demorou muito até que o fato de ser cigano ou homossexual — ou judeu — também fosse considerado evidência de "incapacidade" para ser alemão. E métodos utilizados para "purificar" a sociedade alemã dos "inaptos" foram rapidamente incrementados.

Entre 1933 e 1939, os nazistas passaram da esterilização para o assassinato de "inaptos" — às centenas de milhares. Durante esse tempo, os líderes da eugenia estadunidense incentivaram — e até apoiaram financeiramente — o movimento germânico de eugenia.

Até 1939, a Fundação Rockefeller — ainda hoje uma das principais organizações filantrópicas estadunidenses — apoiou estudos de inspiração nazista sobre "superioridade" racial, no Instituto Kaiser Wilhelm de Antropologia, Hereditariedade Humana e Eugenia, mesmo depois de se tornar patente que essa pseudociência estava sendo utilizada para legitimar a perseguição aos judeus e a outros segmentos vulneráveis da sociedade alemã. Um dos cientistas cujos estudos foram financiados pela Fundação Rockefeller foi o Dr. Josef Mengele, cujos experimentos bizarros e cujo papel na seleção de vítimas para as câmaras de gás, mais tarde, em Auschwitz, renderam-lhe o título de "Anjo da Morte".

Muito antes de os primeiros judeus serem mortos em campos de concentração, o programa da Alemanha nazista Aktion T4, que vigorou de 1939 a 1941, determinou que médicos alemães e austríacos assassinassem 70.273 pessoas com deficiência física ou mental, por meio de medicação letal, inanição ou gás tóxico. O programa continuou extraoficialmente no decorrer da guerra, somando mais de 200 mil mortes em 1945.

O que aconteceu com Carrie Buck? Quando ela e a irmã, Doris, foram entrevistadas por um jornalista cinquenta e seis anos depois, ficou evidente que ambas eram completamente saudáveis. E a filhinha de Carrie, Vivian, cujo nascimento enfureceu o estado da Virgínia e oito ministros da Suprema Corte dos Estados Unidos, integrou o quadro de honra de sua turma na escola primária.

Inspirado nas leis eugenistas promulgadas nos Estados Unidos, Adolf Hitler realmente acreditava que todas as demais nações e raças eram inferiores à dele. Ele tinha pavor do comunismo, e acreditava, sem qualquer prova concreta, que os judeus constituíam a base do comunismo — que o comunismo era tanto resultado de uma genética inferior quanto um movimento político.

Embora alguns dos primeiros líderes comunistas soviéticos fossem judeus — o que não surpreende, considerando-se o virulento antissemitismo anteriormente praticado pelo governo czarista russo —, Josef Stalin, líder soviético tão cruel quanto Hitler, expurgou-os das fileiras do Partido Comunista muito antes de Hitler chegar ao poder, na década de 1930.

O maior medo de Hitler — de uma conspiração judaica/comunista para dominar a Europa e, eventualmente, o mundo — não tinha o menor fundamento. Sua principal incursão na Segunda Guerra Mundial, sendo também o esforço equivocado que trouxe a derrubada do seu "Reich de Mil Anos", foi o ataque suicida contra a União Soviética. Um esforço impulsionado, sem qualquer base na realidade, por seu ódio irracional aos judeus — judeus que não eram culpados dos crimes que ele e seus comparsas nacional-socialistas os acusavam.

Um mês depois de ter tomado o poder em 1933, Hitler já tinha estabelecido Dachau, o primeiro campo de concentração, nos arredores de Munique, berço do movimento nazista, para ali aprisionar qualquer pessoa que tivesse a coragem de a ele se opor.

A fim de construir uma Alemanha forte e aparentemente invencível, Hitler sabia que precisava começar com os integrantes mais jovens da sociedade. Então organizou a Juventude Hitlerista e outras entidades sociais, no intuito de doutrinar os jovens alemães que não eram judeus nos termos de sua ensandecida — mas longe de ser incomum — visão de mundo.

Quando essas crianças cresceram, de 1933 a 1939, Hitler já havia construído um país inteiro calcado naquilo que lhes tinha sido ensinado. Um país que o seguiria incondicionalmente. Que cometeria atos indescritíveis, horrendos. Atos que dificilmente podemos imaginar que seres humanos são capazes de cometer.

Era inconcebível.

Mas aconteceu. Aconteceu com meus vizinhos. Aconteceu com minha família. Aconteceu comigo.

Capítulo 3

Judeus na Alemanha

Os historiadores nos dizem que os primeiros judeus que se estabeleceram na Alemanha provavelmente foram emigrantes de Roma. A primeira comunidade judaica documentada na Alemanha remonta ao ano 321 d.C., na cidade de Colônia.

Que, por acaso, é minha cidade natal. Portanto, quando Adolf Hitler (que não nasceu na Alemanha, mas na Áustria) e seus parceiros nazistas decidiram que judeus como meus pais e eu éramos inaptos para viver na "sua" Alemanha, nós já vivíamos ali havia mais de mil e seiscentos anos.

O antagonismo contra os judeus na Europa era comum havia séculos. O termo "gueto" deriva de uma palavra italiana, abreviatura de *borghetto*, ou "pequeno povoado". Os guetos constituíam áreas muradas nas cidades, locais onde os judeus eram forçados a residir, separados dos cristãos e de outros grupos, primeiro em Veneza e Roma, e depois em outras cidades romanas.

Ondas de perseguição — os chamados *pogroms* — continuaram, intermitentemente, ao longo de centenas de anos. Às vezes os judeus eram atacados, segregados e difamados. Às vezes o pêndulo oscilava para o outro lado, e éramos mais aceitos na sociedade europeia.

Os judeus foram perseguidos como bodes expiatórios, na Europa e em outros locais, ao longo de quase mil anos. Na época da Primeira Cruzada, começando em 1096, os cristãos na Alemanha foram instigados a atacar e eliminar quaisquer infiéis. Comunidades judaicas alemãs foram massacradas. Os muçulmanos, tão odiados quanto os judeus, estavam muito distantes, na Terra Santa. Mas nós, judeus, estávamos ali mesmo, prontos para sermos dizimados.

Durante o século XIV, a peste bubônica — doença transmitida por ratos —, que matou metade dos habitantes de muitas das principais cidades da Europa Central, foi atribuída aos judeus. Corriam boatos de que a peste tinha sido causada por judeus que envenenaram os poços dos cristãos, o que incitou a população, em pânico, a reagir contra as comunidades judaicas de maneiras horríveis.

Visto que os judeus permaneciam frequentemente isolados em guetos urbanos, o que limitava a propagação da peste, e que os judeus daquela época tinham padrões de higiene em geral mais elevados do que de outras culturas, as comunidades judaicas muitas vezes registravam menos casos da peste. Isso causou desconfiança entre os católicos e outros habitantes, que reagiram, em frequentes ocasiões, massacrando comunidades judaicas, muitas vezes queimando populações inteiras, bem como residências e sinagogas.

Em 1349, a população judaica de Colônia foi exterminada. Homens, mulheres e crianças foram espancados, decapitados e queimados vivos, suas casas ocupadas, seus bens saqueados. E em 1351, apenas dois anos mais tarde, cerca de sessenta grandes comunidades judaicas alemãs, bem como 150 aldeias menores, foram destruídas.

Em alguns casos, comunidades judaicas optaram por incinerar as próprias casas, com as famílias ainda dentro, para evitar que as multidões as arrastassem para fora e as queimassem ou linchassem.

Carlos IV, o Sacro Imperador Romano, na esteira dessas atrocidades, decretou perdido por confisco o patrimônio dos judeus, dando às autoridades locais ainda menos incentivo para evitar a destruição em massa do povo judeu.

Afinal, Jesus de Nazaré era um judeu que foi perseguido e assassinado pelos romanos.

Finalmente, na década de 1860, os judeus-alemães — e alemães de outras religiões não cristãs — adquiriram plenos direitos, de acordo com a legislação alemã. Depois de quase mil e quinhentos anos de segregação e repressão, quando, em 1869, surgiu a Confederação da Alemanha do Norte, os judeus foram por fim contemplados com todos os direitos devidos a qualquer outro cidadão germânico.

Podíamos frequentar escolas e universidades públicas alemãs. Podíamos nos tornar advogados e, eventualmente, até juízes. E devido, em parte, a um estranho princípio do cristianismo, fazia tempo que os judeus obtinham sucesso no que se tornou, ao longo dos séculos, a atividade bancária.

A exemplo dos muçulmanos da atualidade, os primeiros cristãos eram impedidos pelos próprios líderes religiosos e crenças de cobrar juros quando emprestavam dinheiro a outros cristãos. Os judeus, por outro lado, estavam livres para emprestar dinheiro aos cristãos. Como resultado, os judeus eram tão procurados quanto insultados, porque a possibilidade de emprestar dinheiro e cobrar juros tornava alguns judeus mais abastados do que seus vizinhos cristãos.

Graças à nossa crença no aprendizado e na educação, os judeus costumavam ser bem-sucedidos na sociedade alemã, ganhando visibilidade como líderes nos negócios, no direito e em outras profissões. E, em alguns setores mais atrasados da sociedade alemã, isso provocava inveja, intolerância e ressentimento contra a comunidade judaica.

Na década de 1930, algumas empresas haviam se tornado grandes conglomerados legitimamente dominados por judeus: o setor bancário, a indústria cinematográfica, a ciência, a medicina e o direito. Inúmeros juízes alemães eram judeus.

Sendo uma minoria dotada de visibilidade e, ao mesmo tempo, historicamente perseguida na Alemanha — havia cerca de 600 mil judeus num país de 60 milhões de alemães, ou seja, os judeus representavam apenas 1% da população —, os judeus julgavam que, para serem aceitos, para serem mais tolerados, precisavam se misturar, permitir a assimilação, e assim dar uma contribuição à sociedade em que viviam. Tão logo nos foi concedida a liberdade de frequentar universidades, cuidamos da nossa formação educacional, trabalhamos arduamente e nos tornamos, em vários sentidos, mais alemães e menos judeus. No entanto, ao obtermos sucesso em todas essas áreas importantes da sociedade, acabamos por ficar desproporcionalmente visíveis.

Da década de 1860 até a década de 1930, a maioria dos judeus-alemães tornou-se sumamente integrada à vida alemã. Assim como eu, quase todos falavam alemão como primeira língua, em vez do iídiche praticado em tantas outras comunidades judaicas na Europa Oriental. Muitos judeus não eram nem um pouco religiosos. E judeus desempenhavam um papel vital na sociedade alemã, até mesmo no âmbito militar. Na Primeira Guerra Mundial, a percentagem de judeus-alemães que lutou pelo país foi maior do que a de qualquer outro grupo político, religioso ou étnico. Cerca de 12 mil soldados alemães de origem judaica pereceram na referida guerra; meu pai, entre muitos outros, foi ferido e condecorado por heroísmo.

O oficial germânico que concedeu ao cabo Adolf Hitler a Cruz de Ferro, Primeira Classe, durante a Primeira Guerra Mundial, foi o Tenente Hugo Gutmann. Que, por sinal, era judeu.

CAPÍTULO 4

A ascensão dos nazistas

Em 1934, eu tinha apenas seis anos, mas sabia que pertencia a uma família abastada. Como eu sabia disso? Bem, ao contrário de muitas outras famílias que conhecíamos, possuíamos um rádio. Nós nos sentíamos muito privilegiados, muito modernos, muito vanguardistas.

Lembro-me de sentar no colo da minha mãe e ouvir, na penumbra, a transmissão do funeral do presidente da Alemanha, Von Hindenburg. A ocasião foi triste e solene, e a música, transmitida pelo som metálico do rádio, pesava qual um cobertor de chumbo. No ano anterior, após as eleições de 1933, Hitler já havia agido para assumir o governo. E no ano seguinte, quando Hindenburg, que era um homem idoso e cansado, finalmente faleceu, Hitler viu-se livre para consolidar seu poder e declarar-se "Führer und Reichskanzler", chefe inconteste de Estado.

Hitler não perdeu tempo em transformar a Alemanha num Estado policial, coberto de bandeiras, engalanado de suásticas, que odiava os judeus.

Visto que dispúnhamos de rádio, podíamos ouvir muitos discursos de Hitler. E sendo um bom garoto alemão que nada sabia sobre o que começava a se desenrolar, fiquei hipnotizado. Gostássemos dele ou não, Hitler era um orador impressionante. Lembro-me de ficar emocionado com a voz dele berrando pelo rádio, e de ouvir a multidão, ao fundo, urrando "Heil" ao seu comando. Podíamos constatar aquele fervor se espalhando por toda a nossa cidade, como uma maré de sangue. "Heil Hitler!" — "Salve Hitler!" tornou-se uma saudação generalizada, tanto na hora da chegada quanto da partida. Os nazistas distribuíam bandeiras gratuitamente: enormes bandeiras vermelho-sangue, com suásticas estampadas. E incentivavam as famílias a usá-las, todas na mesma posição, no mesmo ângulo, diante de suas residências.

Caso uma família não hasteasse a bandeira, os vizinhos diziam:

— Ei, vocês viram aquela família, ali adiante, na rua? Eles não penduraram a bandeira.

— Será que são comunistas? Será que são judeus?

As ruas pareciam em chamas, com aquelas bandeiras nazistas. Um oceano escarlate que se estendia por toda a parte. E sendo um garoto judeu que não sabia de nada, eu achava aquilo lindo. Inspirador. Era como se eu estivesse me afogando naquele mar germânico de altivez, furor e emoção.

Não demorou muito até que a situação começasse a piorar para nossos amigos, nossos parentes e nossa família. No início, aconteceu lentamente. Mas, depois, foi cada vez mais depressa, qual uma pedra que rola montanha abaixo.

Um estabelecimento comercial pertencente a um gentio, um não judeu, de repente aparecia com uma grande suástica pintada na vitrine. Um lojista judeu chegava para trabalhar, de manhã, e encontrava uma estrela de Davi pintada em sua loja, junto a uma mensagem rabiscada: "Somos alemães. Temos orgulho disso. Não prestigie os judeus."

Passados alguns meses, as autoridades nazistas decretaram que aos judeus não era mais permitido usar transporte público. Em grandes cidades, como Colônia, nós, judeus, ficamos cada vez mais restritos quanto ao que podíamos fazer, quais carreiras podíamos exercer e quais empresas podíamos possuir.

Hitler e seus capangas, Himmler, Goebbels e Goering, valiam-se de suas habilidades de exibicionismo e propaganda, apoiados pela autoridade e visibilidade do Estado alemão, para dizer a toda a Alemanha que os judeus eram sub-humanos. Que éramos semelhantes a ratos. Que éramos vermes, um vírus. E que o cidadão que não acreditasse em seus líderes era suspeito. Falso. Traidor. Não era alemão de verdade.

A maioria do povo germânico, é triste dizer, concordava de bom grado com isso. "Eles" são o problema, conforme era ensinado. Não "nós". Portanto, vamos atacar... "eles". Difamar... "eles". Até mesmo matar... "eles". Em 1935, as leis de Nuremberg foram promulgadas.

Capítulo 5

Sob pressão

Na convenção do Partido Nazista realizada em Nuremberg, em 1935, foi baixada uma abrangente série de leis que validaram, diante do ordenamento jurídico alemão, muitas políticas antijudaicas que começavam a atrapalhar nossas vidas.

Os nazistas nos forçaram a entregar todos os nossos bens: quaisquer itens de valor. Levaram as joias da minha mãe, nossa prataria — tudo. Um dia, vieram confiscar nosso rádio. Lá se foi nosso bem precioso, saiu pela porta nas mãos de um *Sturmabteilung*, "soldado de assalto", também conhecido como "camisa-marrom".

As leis revogaram a cidadania alemã de todos os judeus. Proibiram todos os "arianos" — alemães com sangue "puro" — de terem relações sexuais com judeus. Proibiram os judeus de trabalhar em praticamente qualquer profissão, o que fez com que muitos funcionários públicos, advogados, médicos e juízes perdessem seus empregos.

Judeus, como meu pai, que serviram ao exército, tiveram suas pensões de ex-combatentes subitamente canceladas. Os nomes dos judeus que pereceram na Primeira Guerra Mundial, lutando pela Alemanha, foram raspados das placas de granito, nos memoriais de guerra existentes em cidades por todo o país.

Os judeus não podiam possuir casa, carro, e nem mesmo assinatura de jornal ou revista. Não tínhamos permissão para transitar em bondes, frequentar cinemas ou teatros, e nem para nos sentar em bancos de parques. Placas que diziam "Juden Verboten" — "Proibido para judeus" — surgiram por toda a cidade.

E, o que era mais devastador, os judeus não podiam ser proprietários dos próprios negócios; em muitos casos, empreendimentos por eles construídos do zero, e passados de geração em geração.

Um dia, meu pai entrou no escritório de sua empresa e encontrou um oficial nazista sentado à sua mesa. Meu pai foi removido, suas contas congeladas, seu negócio confiscado sem qualquer indenização.

Não houve juiz, nem júri. Nada. Toda uma vida lhe tinha sido confiscada, e não havia nada que ele pudesse fazer a respeito. Os juízes — aqueles que não eram judeus, obviamente — passaram a exibir distintivos nazistas nas lapelas. Todos se uniram ao Partido Nazista. Não restava a menor dúvida sobre quem estava no comando, nem sobre quão injusto o sistema jurídico alemão havia se tornado.

Os judeus não podiam se reunir em grupos de mais de três ou quatro indivíduos. Não podíamos sequer frequentar nosso próprio centro comunitário.

Perdemos nosso apartamento, lógico. Com o fim da empresa do meu pai, não dispúnhamos de renda. Não tínhamos permissão para possuir um lar, e não podíamos sequer alugar um apartamento cujo proprietário fosse um gentio.

Depois de muita luta, conseguimos encontrar um apartamento de um quarto, numa área bem mais pobre de Colônia. Antes, nosso endereço era Brabanterstrasse, 12. Fomos forçados a nos mudar para Blumenthalstrasse, 15. Passamos de uma rua de prestígio e um belo apartamento para um apartamento minúsculo, miserável, com apenas um quarto e uma cozinha.

Não tínhamos como antever os horrores iminentes. Mas, naquele momento, a situação já parecia terrível. Num período de poucas semanas, nossa vida desmoronou.

Foi um golpe e tanto. Imagine como você se sentiria se, um belo dia, esmurrassem sua porta, soldados e burocratas irrompessem e, prontamente, confiscassem sua fonte de renda, sua cidadania, seu patrimônio e até mesmo sua casa.

Todos fomos impactados. Aquilo nos atingiu como uma tonelada de tijolos. O mais abalado, porém, foi meu pai. Ele caiu em profunda depressão. Era um homem bem-sucedido, um alemão orgulhoso de si, herói de guerra, membro respeitado da comunidade. De repente, aos próprios olhos, não era mais nada.

Foi forçado ao trabalho escravo. Teve que se deslocar, de trem, rumo ao oeste, até um campo de trabalho nazista; portanto, ficava longe de nós durante a maior parte do mês. Recebia por seu trabalho uma quantia irrisória. Um fim de semana por mês tinha permissão de voltar para casa e nos visitar, por um breve período. Nessas ocasiões, nos entregava todo o dinheiro de que dispunha, a fim de nos propiciar uma pequena chance de seguir em frente. Minha mãe e eu sentíamos demais a sua falta. Justamente quando precisávamos apoiar uns aos outros como família, meu pai, que nos sustentava e nos protegia, estava ausente, e nunca tínhamos certeza se voltaríamos a vê-lo.

Ele nos disse que trabalhava de dez a doze horas por dia, construindo as fortificações do exército alemão que ficariam conhecidas como Linha Siegfried. Era um enorme sistema de bunkers de concreto, armadilhas para tanques e posições de artilharia que os nazistas projetaram a fim de proteger a Alemanha de uma invasão proveniente do oeste, quando a guerra seguinte começasse. Essa linha situava-se diante da Linha Maginot francesa. Eram dois imensos sistemas de fortificações, estendendo-se de norte a sul, que visavam proteger França e Alemanha — uma da outra.

Com o salário de fome que meu pai recebia, mal tínhamos dinheiro para comprar comida, e só dispúnhamos do suficiente para nos alimentar quando ele estava ausente. A comida era cada vez mais escassa e cara; então logo aprendemos a comer menos e a sobreviver com uma dieta de pior qualidade. Uma batata grande era um tesouro. Um repolho inteiro era um banquete. Não desperdiçávamos nada. E, mesmo assim, era como se estivéssemos famintos.

Nosso apartamento era claustrofóbico e apertado, mesmo para nossa pequena família de três. Tivemos o imóvel só para nós durante cerca de três semanas, mas, logo depois, ficou ainda mais lotado. Todos os nossos parentes em Colônia também haviam perdido seus apartamentos e, sendo nós os únicos membros da família que contavam com um lugar (por menor que fosse) para ficar, eles não tinham alternativa senão residir conosco, uma família de cada vez, quando eram despejados de seus lares. A certa altura, tínhamos onze pessoas morando conosco, amontoadas, acotovelando-se. Havia apenas uma cama; portanto, éramos forçados a dormir em turnos, duas ou três pessoas por vez, em noites alternadas.

Na cozinha havia um banquinho de madeira. Era ali que eu dormia. E, por algum tempo, sequer contava com o banquinho só para mim — tinha que compartilhá-lo com Lore, minha prima, uma menina apertada ali conosco.

Em 1936, os alemães fecharam as escolas judaicas, logo, as outras crianças e eu não tínhamos nada para fazer, e praticamente nenhum lugar onde pudéssemos realizar qualquer atividade. Embora eu não tivesse permissão para frequentar uma escola, um dos meus ex-professores conseguia ir ao nosso apartamento, de vez em quando, com o propósito de me dar aulas particulares, de hebraico e outras disciplinas, em preparação para meu *bar mitzvah*.

Tínhamos que fazer isso sob o mais estrito sigilo. Todo mundo espionava todo mundo. Doutrinadas, as crianças alemãs espionavam seus amigos e até mesmo as próprias famílias. Gritavam com seus pais. Era seu dever patriótico delatar aos nazistas qualquer pessoa: "Fulano é suspeito. Beltrano disse algo contra o Führer. Sicrano talvez seja comunista ou traidor." Tudo para obter algum destaque pessoal, para ganhar pontos perante os nazistas, para se proteger contra um vizinho, que provavelmente o estaria delatando.

Até 1938, ainda foi possível, para algumas pessoas, encontrar um meio de sair do país. Alguns de nossos parentes e amigos conseguiram encontrar um jeito de escapar daquele caos, de fugir para outro lugar do mundo. A saída era algo demasiado difícil. Na Alemanha, naquela época, era necessário obter permissão para partir: o país era um Estado policial. Isso significava que o governo sabia tudo sobre cada cidadão. A pessoa não podia viajar de férias sem deixar registrado na delegacia de polícia o destino da viagem. Se alguém ficasse fora de sua área residencial por sete dias, tinha que se registrar na delegacia do novo local. Em seguida, era preciso se registrar novamente, quando retornasse para casa. A papelada era insana — como algo típico de um romance de Franz Kafka.

A ironia é que a filosofia nazista/alemã pregava livrar-se dos judeus, a qualquer custo. Inicialmente, muitos judeus foram autorizados a emigrar. Algumas pessoas fugiram para a Palestina, para a região onde hoje se situa Israel. Outras conseguiram escapar pelas montanhas para a Suíça. Algumas tinham passaportes especiais carimbados com um grande "J" — *jude*, que em alemão significa "judeu". Quem dispunha de um desses passaportes podia sair da Alemanha — mas jamais poderia regressar.

Outro problema era que, para uma pessoa sair da Alemanha, um país precisava se mostrar disposto a aceitá-la. E nenhum dos principais países do Ocidente — inclusive os Estados Unidos — dispunha-se a receber dezenas de milhares, até mesmo centenas de milhares, de judeus rejeitados pela Alemanha subitamente destituídos de patrimônio, recursos financeiros e empregos. Alguns (poucos) países autorizaram o ingresso de um número limitado de refugiados judeus. O Paraguai e o Uruguai, na América do Sul, permitiram que algumas famílias comprassem sua entrada. E alguns judeus — cerca de 20 mil — foram autorizados a permanecer num gueto apinhado em Xangai, na China, cidade ocupada pelos japoneses, graças às ações de alguns destemidos funcionários japoneses e chineses.

O *Kindertransport* foi uma heroica missão de resgate, organizada pelo Fundo Central Britânico para Judeus-Alemães, que colocou quase 10 mil crianças em lares adotivos por toda a Grã-Bretanha. Imagine despachar seu único filho para a Inglaterra, local onde você nunca esteve, para ele ser adotado por estranhos, por tempo indeterminado, apenas com base na suspeita de que as coisas piorariam ainda mais na Alemanha. E tratava-se, é lógico, da mesma Inglaterra contra a qual meu pai havia lutado na Primeira Guerra, não mais do que vinte anos antes.

Meu pai foi obrigado a permanecer na Alemanha porque foi alistado nos campos de trabalho escravo, situados no oeste. Minha mãe e eu não poderíamos simplesmente partir e abandoná-lo. Não tínhamos dinheiro, nem recursos, e nem meios para nos sustentar por conta própria. Enquanto ele estivesse vivo e continuasse voltando para casa, para nos visitar, propiciando-nos um pouco de comida e dinheiro, por mais difícil ou sombria que a situação se tornasse, ainda éramos uma família que tentava desesperadamente permanecer unida.

Capítulo 6

Uma noite para recordar.
Uma noite para esquecer.

A o longo de 1936 e 1937, a situação ficou um tanto estagnada. Nossa condição de vida não melhorou. Continuávamos famintos e amontoados, extremamente entediados, receosos quanto ao futuro e, de modo geral, infelizes. Eu era sempre uma presença inquieta, e ficar fechado naquele apartamento sombrio, dia e noite, parecia quase uma tortura para mim e, suponho, para minha família também.

Foi então que o laço começou a apertar. Em 1938, as fronteiras foram oficialmente fechadas; a emigração judaica, totalmente interrompida. A Alemanha se tornou um país fortificado. As divisas foram providas de torres de vigilância e arame farpado, e armadas com metralhadoras. Meios de transporte, pelo menos para nós, judeus, não existiam. Não podíamos embarcar em trens. Algumas pessoas conseguiram escapar através do "subterrâneo judaico", um sistema informal — a exemplo da chamada Ferrovia Subterrânea que ajudou escravizados a escapar para a liberdade, nos Estados Unidos, no período anterior à Guerra da Secessão — que auxiliou alguns judeus e outros indivíduos na fuga da Alemanha nazista. Havia algumas rotas viáveis. Quem conseguisse um cavalo podia atravessar as montanhas e alcançar a Suíça. Mas era preciso ser jovem e forte. Eu era jovem demais, minha mãe, velha demais, e meu pai raramente estava conosco. Sendo assim, minha família estava presa na Alemanha. Não tínhamos os recursos, nem a sorte, para fugir. Tampouco era possível saber até que ponto a situação iria piorar.

Os nazistas estavam se tornando cada vez mais atrevidos e descarados nos seus ataques aos judeus e na propaganda com a qual nos deparávamos diariamente nas ruas. Havia passeatas e paradas, integradas pelas soberbas tropas nazistas de assalto da SA, pela Juventude Hitlerista e por outros grupos, todos ávidos por uma desculpa para espancar judeus ou qualquer pessoa que ousasse enfrentá-los.

Então, certa noite, quando as noites se tornaram mais longas e o vento mais frio, toda a cidade de Colônia ardeu em chamas.

Não tínhamos telefone, lógico. Seria ilegal. As notícias eram transmitidas no boca a boca, pela vizinhança e por meio de redes de informação formadas por judeus. Meus pais, alguns parentes e eu estávamos amontoados em nosso apartamento, naquela noite. Ouvimos gritos e ruídos de vidro se quebrando. A barulheira era proveniente das poucas lojas judaicas restantes, as quais estavam sendo cercadas por turbas, as vitrines despedaçadas nas calçadas.

Até aquele momento, algumas lojas judaicas contavam com autorização para permanecer abertas, a fim de alimentar e abastecer os judeus-alemães que ainda viviam nas redondezas.

Nossos parentes subiram correndo a escada até o apartamento, ofegantes.

— Não podemos acreditar no que está acontecendo! Tudo está pegando fogo, pegando fogo!

Lembro-me de um senhor, Gustav Heidt, primo nosso por afinidade, subindo para nos relatar o que estava ocorrendo lá fora. Ele estava na casa dos cinquenta anos, mas se considerava um sujeito capaz, um grande homem, um judeu que sempre tentava encontrar um jeito de lidar com os alemães. Mas naquela noite parecia tão apavorado quanto nós. Ele nos contou que a cidade velha estava em chamas. Estavam ateando fogo em tudo que fosse judaico. Todas as sinagogas, todas as lojas. Disse que as ruas e as calçadas estavam cobertas de cacos de vidro.

A cidade ficou tomada pela fumaça e, à medida que a noite avançava, nós víamos as labaredas alaranjadas, bem como as sombras ensandecidas dos nazistas, refletidas pelos edifícios à nossa volta. As pessoas corriam, em pânico. A cidade ao nosso redor estava sendo destruída.

O mesmo estava ocorrendo no país inteiro, descobrimos mais tarde. No dia 9 de novembro, por toda a Alemanha, ficou evidente que os nazistas haviam resolvido fazer uma demonstração de quão implacáveis podiam ser, e do quanto odiavam os judeus. Os alemães sempre alegaram que o ataque coordenado aos judeus não foi algo planejado. Mas é lógico que foi. A desculpa que os nazistas ofereceram ao mundo foi que a investida contra tudo o que era judeu, naquela noite, tanto na Alemanha quanto na Áustria, foi uma "rebelião espontânea", desencadeada pela morte de um diplomata alemão, Ernst vom Rath, em Paris.

Vom Rath havia sido baleado por um jovem judeu de dezessete anos, Herschel Grynszpan, revoltado com o tratamento dado à sua família pelos nazistas. Brutalmente escorraçada da Alemanha, a família de Herschel havia sido detida, junto a outros 12 mil judeus poloneses, na fronteira com a Polônia, num impasse entre alemães e poloneses. Nenhum dos dois países os aceitava; então ficaram numa espécie de limbo, sobrevivendo em pleno inverno graças a mantimentos e abrigo fornecidos pela Cruz Vermelha polonesa. A família implorou ao jovem Herschel, retido em Paris enquanto tentava emigrar para a Palestina, qualquer ajuda que ele pudesse fornecer. Mas o jovem não conseguiu mendigar, pedir emprestado, nem roubar dinheiro para ajudar a resolver a situação da família. Enfurecido, comprou uma arma com seus últimos francos, caminhou até a embaixada alemã e atirou no primeiro oficial que viu, Herr vom Rath.

Herschel entregou-se, sem protestar, às autoridades francesas. O tiro foi disparado no dia 7 de novembro, mas a morte rondou Vom Rath até enfim levá-lo, em 9 de novembro. A data coincidia com o décimo quinto aniversário do Putsch da Cervejaria, a primeira tentativa de Hitler para tomar o poder na Alemanha.

Quando o diplomata alemão morreu, o Ministro da Propaganda nazista, Joseph Goebbels, fez um discurso na famosa cervejaria Bürgerbraükeller, em Munique, culpando todos os judeus da Europa pelas ações de um garoto de dezessete anos, enraivecido e frustrado. Com a aprovação de Hitler, Goebbels incitou as tropas de assalto nazistas da SA e outros meliantes, por toda a Alemanha e pela Áustria, a fazer justiça com as próprias mãos e atacar estabelecimentos comerciais, centros comunitários judeus e sinagogas.

Os cães foram soltos — em alguns casos, literalmente. Facínoras nazistas percorreram as ruas, matando mais de noventa pessoas. A polícia ficou parada, permitindo que a Sturmabteilung (SA), a Schutzstaffel (SS) e seus amigos nazistas destroçassem as raízes judaicas de todas as cidades.

A ação ficou conhecida em todo o mundo como *Kristallnacht* — a Noite dos Cristais —, porque os cacos de vidro das vitrines quebradas brilhavam feito cristal à luz bruxuleante do fogo.

Capítulo 7

"Foi um engano!"

Foram buscar meu pai por volta da meia-noite.

Por toda Colônia e em outras cidades da Alemanha, na calada da noite, judeus estavam sendo presos em suas casas, arrastados para a rua, arrebanhados e levados embora.

Houve um barulho, feito uma explosão, no corredor, do lado de fora do nosso apartamento. As paredes estremeceram, ao som de cães latindo e homens enfurecidos, berrando e esmurrando a nossa porta. Os alemães a arrombaram e fomos atacados com luz, som e fúria: pastores-alemães e homens da SS com lanternas, pistolas e baionetas desembainhadas. Pensamos que fôssemos morrer.

A silhueta do comandante do grupo de assalto assomava à porta. Tratava-se de um oficial da SS, trajando uniforme preto e quepe de copa alta e pontuda, com o símbolo da caveira da SS bem no centro. Meu pai ficou paralisado, apavorado.

O policial olhou para meu pai, e depois se virou para o esquadrão de capangas nazistas.

— Foi um engano! — ladrou, dirigindo-se aos homens. E, tão rapidamente quanto chegaram, todos partiram.

Meu pai cambaleou de volta até o quarto, conosco, tentando recuperar o fôlego.

Passados alguns minutos, enquanto o ambiente acalmava no apartamento, meu pai nos contou por que achava que havia sido poupado.

Parte do trabalho de meu pai, na cadeia de lojas de departamentos, era selecionar os produtos que seriam vendidos nas filiais. Ele se reunia com vários vendedores de produtos atacadistas, duas vezes por ano.

Era costume de cada vendedor alugar um quarto de hotel, para ter um local onde expor seus produtos, e todos os vendedores ocupavam o mesmo hotel. Meu pai, então, percorria quarto por quarto, inspecionando os produtos e negociando com os vendedores reunidos num só lugar, para que eles não precisassem visitar todas as lojas.

A cada seis meses, meu pai ia até o mesmo hotel, em Colônia, a fim de fazer as compras para a temporada seguinte. Ele tinha o hábito de oferecer uma gorjeta ao porteiro do hotel, um ou dois marcos. O oficial da SS que tinha acabado de ir até o apartamento para levar meu pai, que tinha tanto poder sobre nossas vidas e as vidas de outros judeus, era aquele porteiro. E poupou meu pai, graças aos dez ou doze marcos alemães que meu pai lhe tinha dado ao longo dos anos.

Descobrimos mais tarde que os nazistas prenderam mais de 30 mil pessoas naquela noite. Não sei como escolhiam quais homens levar. Aqueles 30 mil foram levados, em sua maior parte, para atuar como trabalhadores escravizados, forçados a ampliar os campos de concentração já existentes, e construir novos.

Havia treze campos de concentração na época. Os nazistas ainda não os utilizavam especificamente para exterminar pessoas: eram usados como locais de detenção para inimigos do Estado; presos políticos, principalmente comunistas; e quaisquer indivíduos indesejáveis, inclusive clérigos, escritores e artistas que integrassem a oposição ao regime. Assim como nos campos de trabalho destinados ao esforço de fortificar as fronteiras alemãs, a vida nesses campos era muito dura.

Muitas vezes, as famílias e os parentes dos judeus que haviam sido levados recebiam, mais tarde, um cartão-postal dos alemães, dizendo que o pai, ou o filho, ou o irmão tinha morrido de *Lungenentzündung*, "pneumonia". Ninguém parecia morrer de qualquer outra causa — era sempre *Lungenentzündung*. Na verdade, teriam sido espancados até a morte por um guarda, ou baleados por se afastarem demais do barracão e se aproximarem de uma cerca, ou esmagados num acidente de trabalho. Mas quando o postal chegava, os dizeres eram sempre "Seu ente querido morreu de *Lungenentzündung*". Os trabalhadores viviam em tendas, que frequentemente ficavam encharcadas, eram frias e infestadas de doenças. Mas os nazistas usavam essa causa de morte com tamanha frequência que logo ficou evidente que a ela atribuíam qualquer morte ocorrida nos campos. Uma mentira conveniente.

Os nazistas detinham qualquer pessoa que achassem que poderia lhes fazer oposição, ou constituir uma ameaça ao seu governo e à sua autoridade; portanto, não apenas os judeus estavam sendo perseguidos. Muitos cristãos foram presos também, levados no meio da noite. E prendiam políticos, comunistas, homossexuais e membros de outros grupos, como os ciganos. Qualquer um que não estivesse à altura da ideia ensandecida de que os chamados arianos eram uma raça superior.

A *Lungenentzündung* virou um clichê naquela época. Era um eufemismo, a palavra-código para definir o pavor que o governo dos nazistas instilava em todos. Por si só, a palavra exprimia a compreensão que os alemães tinham de que, caso saíssem da linha, ou mesmo parecessem sair da linha, poderiam ser levados, num estalar de dedos, no meio da noite, e nunca mais serem vistos.

— Eu gostaria de te ajudar. — Um gentio alemão poderia dizer a um amigo judeu que tivesse coragem de pedir socorro. — Mas há muita *Lungenentzündung* por aí.

Conforme aconteceu no caso do porteiro do hotel, alguns alemães, ao menos nos primeiros tempos do regime nazista, esforçavam-se para ajudar indivíduos judeus, ou famílias judias com as quais houvessem firmado amizade ao longo dos anos. No entanto, com o passar do tempo, tornou-se cada vez mais perigoso para os alemães gentios, por mais bem-intencionados que fossem, nos ajudar.

Capítulo 8

Nenhum lugar para ir. Nada para fazer.

Meu pai escapou da batida durante a *Kristallnacht*. Mas o evento marcou o fim do seu trabalho escravo na construção de fortificações no oeste. Estávamos presos naquele apartamento minúsculo, sem ter para onde ir, e sem ter o que fazer — nada de escola ou trabalho. Só tínhamos permissão para sair de casa durante o dia. Às seis da noite, havia um toque de recolher para judeus, aparentemente porque à noite a polícia não conseguia enxergar a estrela judaica nos nossos paletós, e algum judeu poderia burlar as regras e fazer algo proibido.

Com todos os judeus retidos na Alemanha, os alemães precisavam encontrar um meio de saber quem era quem. Fomos todos forçados a usar uma Estrela de Davi amarela, estampando a palavra "Jude", sempre que saíamos de casa.

Éramos obrigados a usar um paletó, ou casaco, com a estrela amarela costurada na frente, do lado esquerdo, e outra atrás. Era como se fôssemos um alvo. Antes da presença das estrelas no meu paletó, eu, muitas vezes, conseguia passar despercebido no meio da multidão. Mesmo que alguém desconfiasse que eu era judeu e quisesse criar caso comigo, a pessoa não teria certeza. Mas já não restava dúvida. Se um nazista *Sturmabteilung*, camisa-marrom, um bandido com jaqueta de couro, integrante da Gestapo, ou algum valentão da Juventude Hitlerista resolvesse se exibir para os parceiros agredindo um judeu, saberia exatamente quem escolher. "Espancar judeu" tornou-se o passatempo da nação inteira.

Certo dia, eu estava andando pela rua, indo buscar alguns legumes para o jantar, a pedido da minha mãe, quando um bando de meninos alemães me agarrou. Aos gritos, eles me arrastaram até um beco. Pensei que fosse morrer. Mas, em vez de me espancarem, abaixaram minha calça. Riram de mim e me humilharam. O que eles queriam, percebi, era dar uma boa olhada no meu muito apavorado, muito circuncidado pênis judeu.

Depois que mataram a curiosidade, consegui escapar, e corri de volta até a rua principal, puxando a calça para cima enquanto fugia.

De vez em quando, íamos à casa de um amigo, ou parente, antes do toque de recolher, e passávamos algum tempo por lá — fazíamos qualquer coisa para atenuar a monotonia. Ficávamos apenas sentados, nos lamentando. Às vezes alguém saía e depois voltava, trazendo um pouco de comida, ou até mesmo um jornal, contrabandeado junto dos legumes.

Devorávamos aquele jornal, líamos cada palavra. Fazíamos de tudo para obter notícias do mundo exterior. Boatos corriam por toda parte, quase nenhum deles baseado em fatos.

Quando não se tem ideia do que está realmente acontecendo, inventa-se coisas para preencher o vazio.

Meu pai estava ficando cada vez mais deprimido. Havia ao nosso redor uma atmosfera de desesperança. Era uma sensação estranha, especialmente para ele, não saber o que o dia seguinte nos reservava. E ele sofria por não ser capaz de nos sustentar, de nos proteger. De vez em quando, chegava em casa com uma sacola de comida e utensílios de papel — acho que eram doações provenientes do exterior, talvez de organizações judaicas situadas nos Estados Unidos, ou em países europeus. Mas não havia muito que ele pudesse fazer para nos amparar, e isso era um grande fardo. Víamos os ombros dele caídos, o rosto empalidecendo, o brilho nos olhos diminuindo a cada dia que passava.

Desde sempre, meu pai foi um fumante inveterado — naquela época ninguém sabia o quão perigoso e destrutivo era fumar. Mas o problema era que ele não conseguia obter tabaco. Era muito escasso, e muito caro.

Então ele começou a fumar chá de camomila, e praticamente qualquer outra coisa que pudesse encontrar — folhas, ervas etc. Ele enrolava o conteúdo em pedaços de jornal e fumava, desaparecendo em meio a uma nuvem nociva. Era como se estivesse inalando a fumaça de uma fogueira.

Uma das pessoas que moravam conosco — ficou durante cerca de três meses — era um primo mais velho, chamado Walter. Um dia, ele anunciou que tentaria fugir. Walter tinha sido detido na *Kristallnacht* e preso no campo de concentração de Buchenwald, perto de Weimar, na Alemanha, forçado com seus companheiros de presídio a trabalhar na construção e expansão das instalações do campo. Mais tarde, porém, havia sido libertado, junto aos mais sortudos dos primeiros prisioneiros judeus.

Walter nos contou histórias de quão terríveis eram as condições em Buchenwald, e quão brutalmente ele e seus companheiros judeus foram tratados.

Devido aos horrores que havia testemunhado, Walter estava decidido a fugir da Alemanha, a despeito de todos os riscos.

Nunca soubemos — não sei até hoje — se obteve sucesso ou não. Ele fugiu, de um dia para o outro. É possível que tenha conseguido chegar à Suíça: era forte e podia viajar sozinho; portanto, suas chances eram boas.

Como jamais descobri o que aconteceu, prefiro acreditar que ele conseguiu fugir.

Capítulo 9

O estilhaço precioso

Em 1º de setembro de 1939, a Alemanha invadiu a Polônia e deu início à Segunda Guerra Mundial — era a segunda iniciada pela Alemanha em vinte e cinco anos. Sendo assim, além de tudo mais, estávamos em plena zona de guerra.

Alguns amigos e eu inventamos uma brincadeira para passar o tempo. Ainda éramos crianças, óbvio. Curiosos. Inquietos. E ávidos por qualquer aventura que pudéssemos arquitetar, só para fugir ao tédio.

Colônia tem um imenso entroncamento ferroviário, bem no centro da cidade, próximo à famosa catedral, o Domo. Ali se cruzam diversas vias férreas que ligam a parte ocidental da Alemanha ao centro do país, bem como à Polônia e a outros países do leste europeu. Portanto, Colônia era uma cidade estratégica, e por isso era um dos alvos preferidos dos bombardeios Aliados.

A Força Aérea Real Britânica (em inglês, RAF) bombardeou maciçamente o entroncamento, a partir de maio de 1940. Os aviões também atingiram as duas principais centrais elétricas situadas nos arredores da cidade. Naquela época, os bombardeiros muitas vezes não atingiam com exatidão os alvos pretendidos. Então não fazíamos ideia do que cairia, nem de onde cairia.

Lembro-me de que os motores dos bombardeiros emitiam sons distintos. Alguns soavam com menos intensidade, num tom mais agudo. Achávamos que esses eram os bombardeiros britânicos. Mais tarde, o som dos motores parecia mais grave e mais potente, e pensávamos que eram aviões estadunidenses.

Em retrospecto, sei que eram todos bombardeiros bimotores britânicos: Bristol Blenheims, Hampdens, Whitleys e, posteriormente, os Wellingtons, maiores. Os estadunidenses não haviam entrado na guerra, e ainda não tinham começado a fornecer bombardeiros aos britânicos. Mas, mesmo naquela época, tínhamos a sensação de que os Estados Unidos eram a nossa grande e derradeira esperança, que os Estados Unidos iriam nos salvar. Acho que estávamos nos iludindo, esperando que o mundo exterior soubesse o que estávamos passando e buscasse algum meio de nos ajudar.

Na nossa condição de meros judeus, indignos de vida ou proteção, não éramos admitidos nos abrigos antiaéreos, onde os gentios alemães se escondiam à noite, durante os ataques. E se um bombardeio ocorresse durante o dia, quando tínhamos permissão para sair às ruas, tudo o que podíamos fazer era tentar buscar qualquer tipo de proteção, alguma cobertura que evitasse sermos atingidos por uma bomba, por tijolos lançados ao ar, ou por fragmentos de aço que caíam de projéteis antiaéreos.

Mas sendo crianças, transformamos em brincadeira as consequências dos bombardeios.

Após cada ataque noturno, eu me encontrava, de manhã cedo, com alguns amigos que pensavam como eu — Herbert Levy e outro garoto chamado Rolf. Eu tinha um casaco "ilegal", sem a Estrela de Davi, de maneira que, de vez em quando, conseguia perambular pela cidade sem ser identificado e denunciado como judeu. Era perigoso, mas divertido.

Costumávamos nos encontrar secretamente, num local escolhido na noite anterior. E agíamos com toda serenidade, para não atrair atenção. Afinal, os alemães não tinham grande interesse em nós. Não passávamos de crianças de dez e onze anos; portanto, não representávamos uma ameaça a quem quer que fosse.

Percorríamos a cidade, de manhã cedo, competindo para ver quem encontrava o maior e mais horroroso estilhaço. Alguns eram fragmentos de bombas aliadas, assim pensávamos. Mas a maioria provavelmente eram lascas de nossos próprios projéteis antiaéreos, que choviam sobre a cidade, depois de explodir no ar.

Qualquer baita estilhaço era meu orgulho e minha alegria, no bizarro sistema de valores da nossa pequena gangue de catadores maltrapilhos. Os fragmentos de aço retorcido estavam sempre enferrujados quando os recolhíamos pela manhã.

Quem encontrasse o maior estilhaço era o herói do dia. Lembro-me do cheiro dos fragmentos, do odor de ferrugem, ferro e pólvora, resíduos químicos da explosão. Encontrávamos os fragmentos nos locais mais estranhos — em telhados, becos, árvores, em cima de carroças e latas de lixo.

Depois de juntá-los, costumávamos trocá-los entre nós, como crianças trocando bolinhas de gude ou figurinhas de um álbum de beisebol. A maior emoção era encontrar dois fragmentos que se encaixassem, como peças de um quebra-cabeça. Isso significava que eram oriundos da mesma bomba, e, por alguma razão, achávamos aquilo a coisa mais emocionante que já tínhamos visto.

Nossos pais achavam que estávamos birutas. Faziam de tudo para nos manter vivos, mas seus filhos corriam pela cidade, caçando aqueles resquícios da guerra que nos ameaçava — e ameaçava quase toda a população da Europa.

Nossa intenção era inventar brincadeiras, explorar locais e nos divertir com qualquer coisa que pudéssemos encontrar para distrair nossas mentes curiosas. Não tínhamos nada. Apenas um pouco de comida e um lugar para dormir à noite, amontoados com nossas famílias em apartamentos minúsculos e caindo aos pedaços. Buscávamos maneiras de escapar da nossa realidade por algumas horas e ser apenas garotos bobos, correndo à solta, procurando pedaços inúteis de aço explodido.

Capítulo 10

Apresentem-se para deportação

Um dia, em outubro de 1941, quando eu estava com doze anos, um mensageiro da Gestapo foi ao nosso apartamento com uma notificação oficial. Deveríamos nos apresentar para "reassentamento".

Ficamos perplexos e desnorteados. Amontoados em nosso apartamento que mais parecia um armário, trocávamos indagações às quais nenhum de nós sabia responder.

Para onde iríamos? Seria melhor? Poderia ser pior? Não fazíamos a menor ideia. Estávamos consumidos por estresse, ansiedade e medo. Nossa família tinha sido selecionada para ser expulsa da Alemanha. Algumas das pessoas que residiam no apartamento ficariam para trás.

Raramente éramos informados da razão pela qual algo aconteceria. E quando havia um motivo, tratava-se quase sempre de uma mentira.

Os alemães eram ótimos em inventar histórias sobre a suposta excelência de um novo lar, sobre a obtenção de emprego, sobre um lugar melhor para se viver, sobre uma alimentação melhor. Mas, invariavelmente, aquilo não passava de mais um estratagema elaborado para nos ludibriar e obter a nossa cooperação.

Recebemos ordens para nos apresentar, na segunda-feira seguinte, num enorme local de agrupamento, localizado no centro da cidade — era como um centro de convenções, com espaço para milhares de pessoas. Fomos autorizados a levar apenas uma mala para nós três. Nenhum alimento era permitido. A ordem era que nos apresentássemos de manhã cedo, prontos para viajar para Deus sabe onde.

Foi apavorante. Estávamos sendo arrancados da nossa casa, da nossa cidade, de perto de todos os nossos amigos e parentes, e enviados para o que sabíamos que seria um mundo mais perigoso e hostil, completamente à mercê dos nazistas.

As pessoas às vezes me perguntam:

— Por que vocês não se esconderam? Por que não fugiram?

A resposta é que não havia para onde ir. E não haveria ninguém que pudesse nos ajudar, se tivéssemos para onde ir. A população gentia alemã não nos abrigaria — seria arriscar a própria pele, tanto quanto a nossa. Algumas freiras e padres católicos fizeram tudo o que estava a seu alcance, geralmente por famílias católicas cujos membros haviam se casado com judeus, mas havia muitos judeus e outras pessoas perseguidas, e era impossível acudir a todos. Quem dispusesse de certos contatos, de recursos e sorte, talvez conseguisse encontrar um jeito de se esconder ou fugir. Nós não dispúnhamos de nada disso.

E, como alemães, éramos, por assim dizer, programados para andar na linha, para nos comportar de maneira ordeira e obedecer às leis. Isso fazia parte da cultura alemã: se nosso governo dissesse que deveríamos fazer algo, nós faríamos. Essa foi uma das razões pelas quais o povo germânico caiu nas garras dos nazistas com tanta facilidade. De acordo com o pensamento alemão, quem não respeitasse a lei era criminoso. Éramos judeus, lógico, mas, antes de mais nada, éramos alemães. Estou ciente de como isso parece estranho agora, sabendo como tudo acabou. Sabendo que milhões de pessoas foram assassinadas. Mas assim era àquela época. Havia uma relutância natural em contrariar a lei, mesmo quando ela parecia estar contra nós. Era comparável à atitude de meu pai, quando saía das trincheiras, na Primeira Guerra Mundial. Ele sabia que poderia ser morto — tinha visto seus amigos e correligionários massacrados por metralhadoras, gás tóxico e artilharia de fogo, por toda parte, durante meses a fio. Mas tinha sido doutrinado para acreditar que morrer por seu país era a coisa certa a ser feita.

Já estávamos resignados a nos apresentar na manhã de segunda-feira, mas no sábado, tarde da noite, os soldados voltaram ao nosso apinhado apartamento. Aparentemente, haviam decidido que, se fosse nossa intenção escapar da deportação marcada para segunda-feira, eles poderiam nos pegar despreparados, algumas noites antes.

Tal como havia acontecido na *Kristallnacht*, acordamos com uma cena apavorante e ensurdecedora: soldados esmurrando a porta, lanternas ofuscando nossos olhos, pastores-alemães rosnando, presas à mostra, ávidos por escapar das coleiras.

Pode-se conversar com um homem. Pode-se argumentar com ele. Mas é evidente que não se pode esperar bom-senso de um enraivecido pastor-alemão com ares de lobo.

Os soldados irromperam pela porta e invadiram nosso apartamento. Deram ordem para que saíssemos. Ali mesmo. Naquele exato momento. Conduziram-nos escada abaixo e até a rua, ameaçando-nos com rifles, pistolas, baionetas e cães. Tudo o que tínhamos era um ao outro e os poucos pertences que conseguimos agarrar enquanto éramos empurrados porta afora e escada abaixo.

Os alemães sempre preferiam fazer o trabalho sujo no escuro. A penumbra era uma aliada, porque tarde da noite as pessoas ficam atordoadas, sonolentas, e não enxergam direito. E então qualquer resistência se torna menos provável.

Lembro-me de que eles nos pegaram, junto a um casal, e nos arrastaram até a rua. Fomos levados para o centro de ajuntamento, perto da estação ferroviária, onde ficamos vagando, sem saber o que aconteceria conosco. Deveria haver cerca de mil pessoas ali, amontoadas.

Não tínhamos comida, e os alemães não nos deram nada — apenas água. Algumas pessoas tinham contrabandeado doces em suas maletas; naquela noite aquilo foi como ouro, e alguns mais sortudos alimentaram as crianças, como eu, com qualquer alimento de que dispunham.

No dia seguinte, fomos embarcados num pequeno trem, com apenas alguns vagões de passageiros. Todos trancados lá dentro, sem ter como escapar.

O trem sacolejou e gemeu rumo ao oeste, através da Alemanha. As condições da viagem eram medonhas. Alternávamo-nos para que todos pudessem sentar-se por algum tempo, antes de continuar a viajar de pé. Não havia banheiros suficientes para toda aquela gente; portanto, em pouco tempo, os vagões fediam feito latrinas. Crianças choravam. Bebês gritavam. Mães e pais, em estado de choque, tentavam acalmar os filhos, dizendo-lhes que tudo acabaria bem, embora tivéssemos certeza de que nada acabaria bem.

Finalmente, chegamos a uma cidade suja e malcuidada. As pessoas nas ruas pareciam ainda mais miseráveis do que nós. Os homens tinham barba por fazer, e todos vestiam trapos. Pareciam famintos, deprimidos, exaustos.

— Onde estamos? — perguntou um homem que viajava no trem, quando paramos na estação.

— Vocês estão na Polônia, na cidade de Łódź — respondeu um esqueleto ambulante, na plataforma. — Bem-vindos ao gueto.

Capítulo 11

Um cômodo. Vinte e uma pessoas.

Do trem, fomos tocados feito gado para outra área de reunião. Mais tarde, a polícia do gueto — formada por judeus que colaboravam indiretamente com os nazistas — nos separou em grupos e nos informou endereços para nos hospedarmos.

Comparada com a Alemanha, a Polônia era uma nação subdesenvolvida, com muita pobreza, mesmo antes da guerra. Os alemães nos enfiaram em prédios rudimentares que, na verdade, não passavam de pardieiros de tijolos com cômodos, nada mais. Não havia banheiro, nem água encanada, nem gás, nem aquecimento, nem mobília.

As vidraças de algumas janelas estavam quebradas, o que nos deixava expostos ao cruel inverno polonês, em meados de outubro — fazia tanto frio que, se alguém cuspisse, a saliva congelava antes de atingir o chão.

A polícia do gueto apinhou vinte e uma pessoas, inclusive meu pai, minha mãe e eu, num cômodo do tamanho de um quarto de criança.

O gueto inteiro abrigava 160 mil pessoas. Toda essa gente vivia amontoada em apenas vinte mil cômodos, muitos dos quais inabitáveis: havia pisos rachados, paredes desmoronadas. Era como se um tornado tivesse devastado a cidade. Muitas estruturas estavam simplesmente caindo aos pedaços.

Os alemães isolaram setores de cidades polonesas para servir como campos de concentração improvisados para judeus, enquanto os verdadeiros campos estavam sendo construídos, no interior do país.

O gueto de Łódź era o segundo maior; o maior de todos ficava em Varsóvia, a capital polonesa.

Tal como nos guetos de Veneza e Roma, existentes no século XIV, o gueto de Łódź ficava isolado do restante da cidade. Os alemães levaram a cabo o isolamento por meio de cercas elétricas e arame farpado, com torres de vigia e metralhadoras posicionadas a cada centena de metros.

Łódź apresentava uma característica inusitada: os trilhos do bonde passavam pelo meio do gueto, e poloneses gentios, livres, cruzavam por ali, transitando de um lado para outro da cidade. Com o propósito de ligar os dois lados do gueto, os alemães construíram uma ponte de madeira sobre os trilhos, e a isolaram com arame farpado, a fim de impedir que os judeus escapassem pela linha do trem.

Era um estranho submundo, onde as duas comunidades entravam em contato. Nós, judeus, ao longo da cerca, podíamos contemplar os poloneses, e outros indivíduos, mais bem-vestidos e mais bem-alimentados, transitando a poucos metros de distância, fechados em seus bondes seguros e limpos. E os gentios podiam nos ver, óbvio, pelo menos nos primeiros tempos do gueto: judeus esfomeados, de semblantes pálidos e aspecto miserável.

O bonde que atravessava o gueto parecia um trem de turistas boquiabertos, passeando por um zoológico malcuidado e superlotado.

Mais tarde na guerra, os alemães cobriram com tinta as janelas dos bondes, para que o povo livre de Łódź não visse quão terríveis as condições haviam se tornado para nós, judeus famélicos, atrás da cerca.

Não demorou muito para que meus pais e eu parecêssemos tão subnutridos e desgrenhados quanto os judeus que vimos naquele primeiro dia, quando chegamos de trem.

Havia no gueto de Łódź um governo judeu — o *Judenrat* —, dirigido por Mordechai Chaim Rumkowski, um judeu presunçoso que tinha decidido colaborar com os alemães. Ele achava que, mantendo o gueto organizado, e recorrendo a outros judeus dispostos a colaborar, poderia evitar os "translados" para os campos de concentração no leste, os quais ele bem sabia que eram essencialmente campos de trabalho escravo e de extermínio para os mais novos, os fracos, os doentes e os indesejáveis. Rumkowski era autoritário e tirânico, e seus laços estreitos com os nazistas faziam com que a maioria dos judeus no gueto se ressentisse dele e de sua aceitação servil das ordens alemãs, bem como das tarefas execráveis que os alemães o obrigavam a realizar.

Era Rumkowski, e não os alemães, que decidia quem ficaria para trabalhar em Łódź e quem seria enviado para o leste. Os alemães definiam uma cota, um número de pessoas a serem transportadas. Mas era ele que selecionava quem iria. Era ele, na prática, que decidia quem viveria e quem provavelmente morreria.

Rumkowski acreditava que a melhor chance de sobrevivência dos judeus era se organizarem para criar uma ampla variedade de "indústrias" dentro do gueto, tudo no intuito de abastecer os alemães e o esforço de guerra germânico. Ao tornar o gueto autossuficiente, até mesmo uma fonte de lucro para os alemães, ele argumentava que poderia adiar, ou possivelmente até mesmo evitar, a "eliminação" do gueto. Ou seja, talvez conseguisse manter mais judeus vivos por mais tempo, tornando-os supostos aliados dos alemães, e não seus inimigos.

A administração de Rumkowski também organizou muitas instituições do gueto supostamente destinadas a tornar a vida melhor, se possível, para nós, ali cativos. O *Judenrat* estabeleceu hospitais de atendimento básico e algumas escolas, e organizou as atribuições do trabalho escravo, visando manter o gueto produzindo o máximo possível.

Rumkowski conseguiu preservar o gueto de Łódź por mais tempo do que qualquer outro gueto judeu na Polônia, possivelmente, salvando vidas, ao postergar os inevitáveis translados para campos de extermínio. Tratava-se do único que não era dirigido diretamente pela SS nazista; sendo assim, embora as condições fossem bárbaras, é possível que alguns judeus tenham se salvado por terem menos contato com os assassinos nazistas, sempre ávidos por apertar um gatilho.

Mas não sabíamos de nada disso quando lá chegamos. Éramos apenas três judeus miseráveis, famintos, sujos e sem um tostão, fazendo o máximo para sobreviver ao presente, enquanto temíamos o futuro.

Capítulo 12

O cálculo da sopa

Em poucos dias, meus pais receberam suas respectivas atribuições de trabalho. A polícia do gueto explicou-nos que, se tivéssemos trabalho, receberíamos rações extras de comida; então meus pais estavam aflitos para conseguir alguma ocupação. Não havia nada a fazer, caso a pessoa não trabalhasse, e nenhum de nós queria permanecer mais tempo do que o necessário no nosso cubículo horrível e fedorento, repleto, do chão ao teto, de estranhos irritadiços e queixosos.

Minha mãe foi forçada a trabalhar numa fábrica de *Stiefelplatten* — biqueiras e calcanhares de ferro para as solas das botas dos soldados alemães, peças que protegiam o couro e o faziam durar mais. Eram essas as plaquinhas de ferro que tornavam tão alto e tão ameaçador o som dos soldados alemães marchando — não há som no mundo semelhante ao de soldados alemães marchando em passo de ganso, em uníssono, numa rua pavimentada com paralelepípedos.

Meu pai recebeu ordens para trabalhar na cerca do gueto, consertando os postes, o arame farpado e a fiação elétrica, onde quer que houvesse avarias ou falta de manutenção.

O que nos salvou de ir diretamente para um campo de extermínio — como Chelmno ou Treblinka — foi uma carta do *kaiser*, guardada por meu pai, que detalhava seus serviços na guerra e as medalhas por ele conquistadas. Aquela carta nos salvou da morte quase certa, conforme constatei mais tarde. Foi apenas mais um ínfimo golpe de sorte que nos ajudou a escapar das constantes "seleções" de pessoas a serem enviadas para a morte.

Chelmno, que ficava a apenas 80 quilômetros de distância, não tinha fábricas nem mesmo barracões de prisioneiros, porque quase nenhum prisioneiro egresso de Łódź sobrevivia ao primeiro dia ali. Todos eram forçados a se despir, empurrados para dentro de caminhões, sufocados com a fumaça do escapamento dos veículos e depois enterrados ou incinerados na floresta próxima.

Eu estava determinado a encontrar trabalho, sobretudo para conseguir rações extras, mas também para ter algo a fazer e mais oportunidades de encontrar comida. Eu achava, a exemplo de todos ao meu redor, que quanto mais valioso fosse para os alemães, mais prováveis seriam minhas chances de sobreviver. Fui designado para o campo de trabalho do gueto, pouco antes do meu décimo terceiro aniversário, pouco antes da ocasião prevista para meu *bar mitzvah*. (Mas nunca tive *bar mitzvah*, mesmo depois de todos aqueles anos memorizando a Torá, estudando hebraico em segredo.)

Quem não trabalhava não ganhava sopa no meio do dia. Lembro-me da minha tigela de alumínio, igual a de todos os demais. Era a coisa mais preciosa que eu possuía. Quem não tinha tigela não ganhava sopa. Então fiz um orifício na borda, passei um pedaço de barbante pelo furo e pendurei a tigela no pescoço.

Uma vez por dia, ao meio-dia, os serventes traziam da cozinha comunitária latões de leite reutilizados e uma concha grande, para servir a sopa. Tornou-se um jogo de vida ou morte, uma espécie de dança macabra, descobrir onde ficar na fila para obter os pedaços mais nutritivos de legumes. Ninguém queria ficar à frente na fila, porque a melhor parte da sopa permanecia no fundo, e apenas o líquido era despejado na tigela. E ninguém queria ficar no fim da fila, porque não havia garantia de que, caso a sopa acabasse naquele latão, haveria outro.

Alguns veteranos me ensinaram a calcular quantas conchas de sopa havia em cada latão. E então eu manobrava pela fila, a fim de me beneficiar das últimas conchas, no fundo, aquelas que continham mais legumes, mais calorias. Era uma felicidade encontrar uma folha de repolho. Encontrar uma rodela de cenoura era como ganhar na loteria.

E era por isso que eu estava tão desesperado para trabalhar, para ganhar uma refeição extra durante o dia, uma refeição pela qual não precisasse escarafunchar, nem furtar.

Algumas crianças da minha idade não trabalhavam, mas eu estava decidido. Tentei um emprego numa fábrica de móveis, trabalhando com um torno e fazendo pernas de madeira para mesas e cadeiras, mas aquilo durou apenas um dia.

Na volta para casa, depois daquele primeiro dia de trabalho, encontrei o primo da minha mãe, Jacob Levy, que era fazendeiro na Alemanha — acho que a propriedade ficava na região de Frankfurt.

— O que você está fazendo? — perguntou ele. — Eu não sabia que você estava preso aqui, como eu.

Ele me informou que estava ali havia três meses, e disse que tinha encontrado uma boa ocupação, um bom lugar para trabalhar.

— Não se preocupe — acrescentou. — Eu posso te ajudar. Me encontre aqui nesta esquina, amanhã de manhã, e você vai comigo.

Eu não fazia a menor ideia do que ele estava falando, nem do que estava por acontecer.

— Não faça perguntas — disse ele.

Acontece que Jacob era um figurão no gueto. Os alemães precisavam de um especialista em agricultura, e ele era o sujeito certo para a função. Um judeu-alemão agricultor era coisa rara. Ganhar a vida ao ar livre, na zona rural, não era algo que figurasse no topo da lista das profissões prediletas para a maioria dos judeus naquela época.

Ele era um fazendeiro duro na queda. Um camarada baixinho, mas troncudo e robusto. Os alemães queriam cultivar a maior quantidade possível de alimentos no interior do próprio gueto, para que não precisassem abastecer os judeus com produtos vindos de fora. Gostavam de trabalhar com Jacob porque ele falava alemão. Isso significava que podiam se comunicar facilmente com ele, ao contrário da maioria dos judeus polacos detidos no gueto, que só falavam polonês e iídiche.

Jacob era encarregado de um pequeno projeto agrícola — um terreno amplo, dentro da área cercada que constituía o gueto. Ele me admitiu como um dos lavradores. Então, num estalar de dedos, consegui um trabalho diurno, doze horas por dia.

Um outro homem também me ajudou. Seu nome era Erich Marx, e ele vinha de Colônia, como nós. Tratava-se de um sujeito de personalidade marcante, firme, o capataz das pessoas que trabalhavam na lavoura comigo.

*

Todas as noites, meus pais e eu nos reuníamos com os demais residentes do nosso cômodo e trocávamos informações: quaisquer rumores que tivéssemos ouvido no trabalho, durante o dia.

Havia pessoas que conseguiram salvar determinados bens entre os mais valiosos: relógios, joias, pedras preciosas e anéis, que tinham costurado em suas roupas. Havia um mercado clandestino, lógico, de maneira que, pouco a pouco, essas pessoas vendiam seus bens aos judeus poloneses, que, por sua vez, os vendiam para os guardas alemães, com o propósito de obterem um pouco mais de comida. Lembro que uma mulher vendeu um lindo anel por meio quilo de cascas de batata, sobras e comida estragada, tudo contrabandeado da cozinha comunitária.

À medida que a noite caía, nós nos agachávamos, com as costas apoiadas nas paredes do cômodo e as pernas dobradas. Costumávamos nos revezar durante a noite, cada um se deitando por cerca de uma hora, enquanto os demais ficavam sentados.

Não havia banheiro — apenas uma "casinha" externa. No inverno, quando as casinhas estavam ocupadas, tínhamos que nos aliviar ali por perto, no frio. Havia pilhas de fezes congeladas nas sarjetas, produzidas por toda aquela gente amontoada nos cômodos. No verão, era possível ir um pouco mais longe, e os dejetos eram lavados e empurrados para as sarjetas abertas nas ruas. Mas a despeito da estação, era sempre um modo fedorento, imundo e nojento de se viver. Era também a maneira perfeita de se espalhar doenças.

Capítulo 13

O mensageiro do gueto

A fim de obter certo alento, meu pai ainda fumava sempre que podia, e fumava tudo o que conseguisse. Então, naturalmente, eu, o Sr. Sabichão, decidi experimentar, quando ninguém estivesse olhando.

Assim como a maioria dos meninos, eu admirava meu pai. Fumar dava-lhe um ar digno, amadurecido e até importante. Se meu pai fumava, aquilo era, então, a coisa certa a fazer.

Encontrei um punhado de camomila e algumas outras ervas, e as enrolei, como meu pai costumava fazer. Certa noite, num canto do nosso apartamento, dei uma baforada profunda, inalei e, prontamente, apaguei, nocauteado como se alguém tivesse desligado um interruptor. Meus pais me encontraram inconsciente, estendido sobre o assoalho, feito um salmão na bancada de um mercado de peixe.

Trabalhar na lavoura me proporcionava algum alívio. Era um trabalho pesado, mas, pelo menos, eu ficava ao ar livre, longe das aglomerações, do barulho e do fedor, fazendo algo útil.

Obersturmbannführer Schwind, o homem da Gestapo responsável pela lavoura e produção de alimentos, era um sujeito corpulento, um oficial da SS à paisana, que trajava aquelas típicas jaquetas de couro preto e o chapéu tirolês, com uma pequena pena na faixa e tudo.

Ele não me torturava, nem aos demais prisioneiros, mas não parava de berrar conosco. Tinha um bom relacionamento com o primo da minha mãe, Jacob, porque falavam a mesma língua. Schwind, provavelmente, já lidava com agricultura antes da guerra, porque conhecia bem o assunto.

Ele também supervisionava a distribuição de sementes e o plantio de batata. As batatas eram contadas rigorosamente — um judeu comendo o suficiente? Nem pensar. Tínhamos que cortar as batatas em quatro partes, para plantá-las, e lidávamos também com outras sementes — feijão, ervilha, lentilha e milho.

Um dia, ele apareceu berrando ordens para todo mundo. Tinha descoberto que eu falava alemão. Pegou-me pelo braço e disse:

— Garoto, vou fazer de você o mensageiro. E você vai fazer o relatório diário da lavoura. Se eu não chegar até às quatro da tarde, você leva o relatório lá no prédio da administração.

O que significava que, mais ou menos dia sim, dia não, eu tinha que atravessar até o outro lado do gueto, cruzando a ponte sobre a linha do bonde. Ele até me conseguiu uma bicicleta para agilizar meu deslocamento — contei com a bicicleta por três ou quatro meses.

Lembro que a bicicleta estava velha e enferrujada, mas para mim era um grande acontecimento, ser importante a ponto de ter minha própria bicicleta. No entanto, eu carecia de força para pedalar com velocidade. Três ou quatro dias por semana, eu ia até a ponte, deixava a bicicleta ali, cruzava a ponte a pé e seguia para entregar o relatório. Depois, tinha que pedalar de volta até a lavoura, para retornar ao trabalho.

Não obtive nenhuma recompensa por ser o mensageiro, mas foi bom, sob um aspecto. Aquilo me propiciava tempo e liberdade de locomoção para furtar um pouco de comida de vez em quando. Quando a colheita era entregue, eu pegava alguns legumes, ou algumas batatas, antes que fossem contadas.

Minha calça era do tipo *knickerbocker*, com a parte inferior das pernas amarrada acima dos tornozelos, sobre as meias. Fiz um furo no forro dos bolsos, de maneira que, sempre que conseguia "arrumar" um pouco de comida, eu enfiava no bolso para cair calça abaixo até a bainha, onde os soldados não a encontravam quando nos revistavam todas as noites.

Às vezes eu enterrava no canto do terreno pedaços de batata destinados ao plantio. Mais tarde, na escuridão da noite, eu voltava e as desencavava. Se fosse pego, seria morto.

Tínhamos que dar duro para sobreviver.

A tragédia era que, mesmo que conseguíssemos uma batata, não tínhamos fogo para cozinhá-la. Juntávamos lascas de madeira, descascando, aos poucos, as vigas do teto do sótão. Meus pais e eu saíamos por um instante, à noite, acendíamos uma fogueira e assávamos a batata, amontoados numa esquina, escondidos dos demais. Não podíamos fazer isso no interior do cômodo, porque causaríamos um incêndio — e seríamos forçados a dividir a batata com outras pessoas.

Simplesmente não havia o suficiente para todos.

Eu costumava pegar um pequeno atalho pelo terreno, na ida e na volta, quando entregava os relatórios. Estávamos na Polônia, em pleno inverno, e metros de neve cobriam tudo. Descobri, cavando ao redor do local onde tinha sido colhido, que, sob a neve, o repolho produz pequenos repolhos — parecidos com couve-de-bruxelas — em seus caules.

Comer algumas couves-de-bruxelas era bom. Mas os brotos também atraíam coelhos. Eu podia ver suas pegadas na neve. Seria maravilhoso pegar um coelho. Mas como?

Conversei sobre o assunto com outro garoto que trabalhava na lavoura comigo. Ele inventou um jeito de deixar um broto como isca, e amarrou um barbante frouxo em volta do broto, para que, enquanto comesse, o coelho ficasse com o barbante preso em volta do pescoço e talvez se estrangulasse.

Durante todo o tempo que tentamos, ele só conseguiu pegar um coelho. Mas nunca me contou, e não compartilhou a iguaria comigo. Um dia, fui ver como estava a armadilha e encontrei sangue na neve, no local onde ele havia matado e comido o coelho.

Era uma questão de sobrevivência. Simples assim. Não tenho certeza de que teria compartilhado o coelho com ele, se tivesse chegado primeiro.

Capítulo 14

Os sons da noite

Éramos por demais infelizes, mas, como estávamos ali havia relativamente pouco tempo, nossas condições de saúde eram melhores do que as dos indivíduos que tinham chegado antes de nós. As pessoas envelheciam depressa no gueto. A expectativa de sobrevivência girava em torno de seis meses, devido à falta de comida, ao trabalho extenuante e às doenças que assolavam a área.

Imagine vinte e uma pessoas dentro de um pequeno cômodo, a noite inteira. Se uma pessoa adoecesse, todos adoeciam.

Quando o "tempo de validade" das pessoas em qualquer área do gueto "expirava", quando ficavam mais magras, mais fracas e menos produtivas, elas desapareciam.

Nós ouvíamos as buscas, ao longe, quase todas as noites. Ouvíamos sirenes, cães latindo e o estrondo das solas das botas alemãs. Ouvíamos o ruído dos motores e das rodas dos caminhões. Jamais ouvíamos caminhões durante o dia, porque os alemães usavam cavalos em todas as atividades do dia a dia, a fim de preservar os veículos e economizar gasolina para tanques e aviões. Então, quando ouvíamos os caminhões no meio da noite, sabíamos que algo estava acontecendo.

Em duas ocasiões em que ouvimos buscas no meio da noite, acordamos e nos deparamos com quarteirões inteiros do gueto desertos. Nunca soubemos o que aconteceu com aquela gente.

O gueto de Łódź era, na prática, uma antessala da morte. Os alemães decidiram que quase todos as pessoas enviadas para lá, naquela época, estavam destinadas a ser mortas num dos grandes campos de extermínio: Chelmno, Treblinka ou Auschwitz.

A capacidade de lotação desses campos era limitada. Capacidade para manter sobreviventes — e capacidade para matar e descartar corpos. Então Łódź e os outros guetos eram depósitos para os nazistas, um local para armazenar os judeus da Europa até que chegasse a nossa vez de morrer.

Os nazistas tentavam arrancar de nós o máximo possível de trabalho, onde quer que estivéssemos, lógico, porque tinham grande necessidade de trabalhadores escravizados para produzir alimentos, uniformes e equipamento de guerra de todo tipo, desde botas e munição, até bombardeiros. Eles calcularam, com extrema acuidade, quanto tempo valia a pena manter um prisioneiro vivo. Durante alguns meses, mesmo sob condições cruéis, quase morrendo de inanição, um judeu podia ter alguma utilidade para o esforço de guerra. Mas quando um grupo já estava no gueto havia algum tempo, e as pessoas ficavam demasiado fracas, famélicas e esgotadas, os nazistas as reuniam e as despachavam. Na sequência, substituíam os escravizados exauridos pelos recém-chegados — judeus provenientes dos países ocupados, indivíduos que presumivelmente estavam em melhor condição física.

Do mesmo modo como tínhamos substituído os judeus exaustos e desesperados que nos precederam.

Capítulo 15

Criança sem pai

O trabalho do meu pai na manutenção da cerca do gueto era árduo e muito arriscado. Os alemães tinham torres de vigia ao longo de toda a cerca, com soldados ávidos por apertar o gatilho e disparar contra qualquer coisa que se mexesse. Caso alguém se aproximasse demais da cerca — mesmo que a pessoa fosse encarregada de consertá-la —, eles provavelmente atirariam.

Aquilo exercia grande impacto em meu pai. Estava sendo explorado, sem piedade, e ele e os colegas de trabalho eram frequentemente alvejados pelos alemães. Um amigo do meu pai foi morto dessa forma. Baleado na cabeça por um guarda, ao ser surpreendido esticando o braço através da cerca para pegar um pacote que havia sido deixado do outro lado.

Meu pai também foi ferido, embora levemente. Chegou em casa, certa tarde, na volta do trabalho, sangrando, em consequência de um ferimento à bala no braço. Havia uma abertura na cerca e, quando ele foi forçado, por um capataz idiota, a ir até lá e realizar o reparo, um guarda posicionado numa torre próxima disparou, pensando que ele estivesse tentando escapar através do buraco. Os guardas eram treinados para atirar, caso vissem qualquer coisa fora do comum. Se um prisioneiro escapasse, o guarda se via em apuros. Mas se o guarda atirasse em alguém, por engano, não havia o menor problema. Afinal, não era como se estivesse alvejando um ser humano. Era apenas um judeu.

O ferimento do meu pai não foi muito grave — um arranhão, na parte carnuda do braço. Ele já havia sido ferido antes, na Primeira Guerra Mundial; portanto, aguentou firme — agiu como se aquilo não fosse grande coisa. Minha mãe limpou o ferimento, fez um curativo, e meu pai foi trabalhar no dia seguinte. Ele não tinha escolha. Se não trabalhasse, ficava sem comida. E já estávamos à míngua.

Cerca de um mês depois, um dia, ele voltou mais cedo do trabalho. Tinha se sentido ainda mais fraco do que de hábito, e teve permissão para voltar para casa aproximadamente uma hora antes do horário usual. Quando entrou, lembro que disse:

— Estou muito cansado.

Meu pai trabalhou tanto, por tanto tempo, que lentamente, ao longo de meses, definhava. E sofria de uma depressão deveras incapacitante. Tinha sido um homem vigoroso e bem-sucedido, um homem respeitado em nossa comunidade. Tinha construído uma carreira impressionante. Mas quando os nazistas lhe tiraram tudo — o emprego, a casa, a capacidade de nos proteger —, foi como se uma faísca tivesse se apagado dentro dele.

No dia em que ele chegou em casa mais cedo, estava tão fraco que teve dificuldade de subir até o nosso cômodo. Ele disse:

— Meu Deus, quase não consegui subir a escada. Estou exausto.

Eu estava de pé, próximo à parte do piso utilizada como colchão — não tínhamos cama, então ele teve que deitar no assoalho, sobre um cobertor que dividíamos com outras pessoas.

Eu não fazia ideia de quão doente ele estava. Fiquei ali, de vigília, na companhia de minha mãe e outras duas mulheres, amigas da família. Minha mãe gritou:

— Hans, Hans!

E ele não respondeu. Apenas olhou para o teto, os olhos bem abertos. E gorgolejou, um som gutural.

Minha mãe percebeu que ele não estava respirando. Ela sussurrou para mim, o mais gentilmente que pôde — *Er ist weg.* "Ele se foi." Foi algo silencioso, nada dramático. Ele simplesmente não estava mais ali.

Muitos anos mais tarde, encontrei nos livros do hospital do gueto de Łódź o registro oficial, feito pelos alemães, da morte do meu pai. O que é irônico, agora, porque ele nunca deu entrada em nenhum hospital — simplesmente voltou para casa, um dia, deitou-se no cobertor e morreu. A causa da morte foi registrada como "catarro brônquico", ou seja, pneumonia. Não me lembro de nenhum médico, ou de qualquer outro profissional da saúde, ir até nosso prédio, mas é provável que, depois que ele faleceu, as autoridades locais do gueto tenham aparecido e obtido de minha mãe, ou de algum outro residente do nosso cômodo, informações sobre a morte dele.

Ficamos abatidos, por conta da tristeza, do horror e do impacto, e também ficamos com o trabalho macabro de lidar com o cadáver do meu pai.

Minha mãe, nossos amigos e eu removemos meu pai do local onde ele estava sobre o assoalho, transportamos o corpo escada abaixo e saímos pela porta da frente. Em seguida, colocamos o cadáver próximo à sarjeta, o mais delicadamente possível.

Fomos obrigados a deixá-lo ali durante a noite, na mesma sarjeta por onde corria o esgoto, onde as pessoas despejavam seus dejetos. Nada mais podíamos fazer — aquele era o procedimento oficial para lidar com cadáveres em Łódź. Deixamos meu pai na frente do nosso prédio, depois subimos a escada, em estado de choque e com o coração partido, para esperarmos a noite passar, sabendo que ele jazia ali, morto e sozinho.

Quando o levamos para fora, ele vestia as roupas que usava quando morreu. Mas, pela manhã, estava nu. As pessoas em Łódź estavam tão desesperadas por qualquer coisa para vestir, por qualquer coisa de mínimo valor, que haviam furtado suas roupas.

De manhã — todas as manhãs — uma carroça passava para recolher os cadáveres. Sempre havia mortos.

Vi dois homens descerem da carroça, agarrarem meu pai pelos braços e pernas, e jogarem-no na caçamba. Lá estava ele, com os braços pendentes, em cima de uma pilha de defuntos, todos cobertos de fezes e da imundície da sarjeta.

Seguimos atrás da carroça, que sacolejava pelos paralelepípedos. Minha mãe e eu caminhamos, feito zumbis, naquela pequena e horrível procissão, para ver onde o corpo iria parar.

Quando chegamos ao cemitério, os sujeitos que empurravam a carroça foram até a frente, inclinaram-na e a esvaziaram, lançando os corpos emaciados e cinzentos em uma pilha, braços e pernas emaranhados. A cena se assemelhava a uma autêntica pintura do inferno. Mas com um cheiro horrível, nauseante; um cheiro que se tornou ainda mais insuportável, pois sabíamos que meu pai jazia diante de nós, largado ali, feito um animal morto.

Não tivemos escolha, senão deixá-lo daquele jeito, dar meia-volta e ir para casa.

Foi uma noite terrível, insuportável. Na véspera, éramos uma família — uma família nas piores condições, uma família sem muito futuro, mas uma família. Agora éramos apenas minha mãe e eu, num mundo que parecia decidido a exterminar todos nós.

Um dos homens que trabalhava no cemitério tinha nos dito que haveria um enterro pela manhã — a religião judaica exige o enterro no dia seguinte, a menos que seja sábado. Eles tinham mortalhas para os corpos, feitas de gaze. Um dos homens nos perguntou:

— Qual é o de vocês?

— Aquele — respondeu minha mãe, apontando.

Eles o arrastaram para fora da pilha e o envolveram na mortalha. Então dois deles pegaram o corpo e o jogaram dentro de uma vala, no solo.

Se aquele cemitério ainda existisse hoje em dia, acho que eu seria capaz de encontrar o local onde enterraram meu pai. Ficava bem perto da cerca, na orla do terreno. Havia fileiras e mais fileiras de lápides tombadas e lascadas: os alemães achavam divertido chutar as pedras, e assim profanar as campas dos judeus.

Um dos homens teve a gentileza de recitar o *Kaddish* — uma prece para os falecidos. Mas não houve cerimônia nem rabino.

Não me foi permitido recitar o *Kaddish* porque ainda não era homem-feito, ainda não havia tido meu *bar mitzvah*.

Lembro-me de que minha mãe ficou tão traumatizada que tampouco recitou o *Kaddish*. Nós nos sentimos culpados por conta disso. Sentimos que não tínhamos feito o que nossa religião e nossas tradições esperavam de nós. Sentimos que havíamos fracassado enquanto família.

Estávamos por demais abalados e entorpecidos pelo sofrimento. Meu pai tinha sido forçado a trabalhar até morrer de inanição.

Mas eu senti, de uma forma estranha e doentia, que ele agora estava livre daquele pesadelo em vida.

Os homens jogaram terra em cima do corpo dele. Não havia lápide que marcasse o túmulo, não havia nada. Apenas um montículo de terra no solo.

Agora éramos só minha mãe e eu.

Capítulo 16

A bondade do carrasco

Uma das minhas funções na lavoura do gueto era subir nas árvores para pegar cerejas que haviam sido esquecidas na colheita. As cerejeiras estavam plantadas do outro lado do muro do cemitério e representavam um desafio especial.

Os soldados nos revistavam depois do trabalho; portanto, era arriscado demais contrabandear cerejas. E se eu comesse uma enquanto estivesse em cima da árvore, e fosse descuidado o bastante para deixar o caroço cair no chão, estava encrencado. Ninguém mais havia subido naquela árvore; então os alemães saberiam que os caroços teriam sido descartados por mim.

Desenvolvi uma técnica para comer cerejas sem arrancá-las do galho. Primeiro, eu encontrava um ponto, no topo da árvore, escondido pelas folhas. Depois, quando achava que era seguro, eu mordiscava, rapidamente, em volta do caroço, como um esquilo faz com a noz. O caroço ficava pendurado no galho, no alto da árvore, onde ninguém podia vê-lo. E, se alguém visse, eu podia culpar os pássaros. Mas se a árvore da qual colhia ficasse perto do muro do cemitério, eu podia jogar os caroços no cemitério, um de cada vez, por cima do muro de pedra.

Passados cerca de seis meses no gueto, conheci dois irmãos poloneses, que trabalhavam na lavoura comigo. Os dois camaradas tinham vários empregos. Sabiam tocar uma lavoura, e procurei aprender com eles o máximo possível. Na verdade, não éramos companheiros, porque eu era mais jovem e muito menor do que eles. Eu era uma espécie de mascote, como um cãozinho vira-lata por eles adotado.

Eram dois sujeitos durões e musculosos. O irmão mais velho era grande, forte e tinha cara de mau, além de ombros largos. Um valentão mesmo. O mais novo era igualmente ameaçador, embora um pouco mais baixo. Achei que seria boa ideia cair nas graças da dupla, tentar fazer amizade.

Um moleque pequeno como eu certamente não queria ser inimigo daqueles dois.

Algumas semanas depois que os conheci, eles começaram a me oferecer uma fatia de pão, de vez em quando. Eu levava o pão escondido para o quarto à noite, dava algumas mordidas, depois o dividia com minha mãe, quando todos estavam dormindo. O pão extra sempre chegava na segunda-feira, por algum motivo. Eu não fazia perguntas. Ficávamos muito contentes em conseguir aquela fatia de pão. Tudo o que eu queria era manter meu relacionamento com aqueles brutamontes que nos ajudavam a continuar vivos.

Não éramos forçados a trabalhar aos domingos. Mas, num certo domingo, os alemães e a polícia do gueto irromperam na nossa vizinhança e nos tocaram para fora dos nossos cômodos.

A princípio, pensamos que se tratava de um ajuntamento em plena luz do dia. Entramos em pânico. Os alemães tentaram nos acalmar um pouco, e nos disseram que seríamos levados para ver uma atração — embora soubéssemos que nunca podíamos confiar neles.

— Não, não é um ajuntamento. Apenas sigam até o descampado. Vão ver algo divertido.

Estávamos, pela primeira vez, sendo obrigados a assistir ao que os alemães chamavam de "entretenimento de domingo". Outras vizinhanças do gueto tinham sido obrigadas a presenciar aquilo, e nos contaram do que se tratava, mas aquela foi a primeira vez que o pessoal da nossa rua foi submetido à situação.

Fomos levados até um terreno baldio. Construído lá no centro, havia um cadafalso tosco, de madeira — uma plataforma para enforcamentos, com três laços amarrados a uma viga. Então entendemos o que estava prestes a acontecer.

Judeus que haviam descumprido alguma regra, ou que tiveram o azar de ser acusados por um oficial da SS alemã ou da Gestapo, seriam enforcados. E nós iríamos assistir, quiséssemos ou não.

Erguemos os olhos e vimos três judeus infelizes, com as mãos atadas nas costas, que aguardavam a morte. As vítimas foram forçadas, uma a uma, a subir a escada. Lembro-me de que um deles precisou ser puxado, feito um boneco de pano, pois os pés paralisados recusavam-se a se mover. Um homem grandalhão segurou uma vítima de cada vez, enquanto outro lhes passava o laço pelo pescoço. Então o homem que manuseava o laço leu os nomes dos condenados, assim como os crimes supostamente cometidos:

Furtou uma cenoura do Reich.

Desobedeceu a um alemão.

Tentou fugir.

Cada um deles tinha um cartaz de papel pendurado no pescoço, dizendo quem era e o que tinha feito.

Um por um, os homens foram enforcados. Os pescoços quebraram em um ângulo bizarro assim que as cordas esticaram, os corpos oscilando para cima e para baixo. A multidão ao nosso redor arfou e gritou. Os corpos pendurados estremeceram e convulsionaram, por alguns agonizantes segundos. E então ficaram imóveis, sem vida, apenas girando no ar.

Minha mãe e eu permanecemos na parte de trás da multidão. Ambos petrificados. Ela não tentou me preservar daquele horror — àquela altura, por conta da desintegração da nossa vida, estávamos tão brutalizados que havíamos nos tornado mais uma dupla do que mãe e filho. Eu tentava protegê-la, tanto quanto ela tentava me proteger. Mais de um minuto, ou dois, se passaram, até eu ter coragem de erguer os olhos e realmente encarar o que acontecia lá em cima, naquela plataforma.

Em estado de choque, reconheci os dois sujeitos de pé, no cadafalso. Os carrascos eram meus dois amigos, os dois irmãos poloneses, os brutamontes. Eram os homens bem-alimentados que me davam pão extra, o pão que estava ajudando a manter minha mãe e eu vivos, semana após semana.

Eu me dei conta, então, por que os dois sempre nos ofereciam pão na segunda-feira. Era o pagamento extra que recebiam por enforcar seus companheiros judeus no domingo.

Na manhã seguinte, eles me deram uma fatia extra de pão, conforme sempre faziam. Acho que nos davam o pão para aliviar um pouco a consciência.

Como de hábito, não disseram uma palavra sobre a origem do pão. E não esbocei nenhuma pergunta. Assim como tinha feito na segunda-feira anterior, levei o pão para casa e o compartilhei com minha mãe.

Capítulo 17

O segredo no sótão

Numa noite quente e úmida, em julho de 1943, os alemães vieram atrás de nós. Era uma batida, tal como tínhamos ouvido em diferentes áreas do gueto. A exemplo de tantos outros antes de nós, tínhamos sido selecionados para desaparecer.

Despertamos com a rua tomada pela algazarra, luzes ofuscantes, caos. Primeiro, ouvimos o ruído dos caminhões e pneus sobre os paralelepípedos. O latido dos pastores-alemães. Depois, ouvimos o tropel dos soldados, correndo escada acima em todos os edifícios, batendo nas portas, gritando a plenos pulmões:

— Levantem-se, judeus! Mexam-se, mexam-se, mexam-se! Por aqui! Não, por ali! *Schnell! Schnell! Schnell!*

A maioria dos soldados era composta por alemães, integrantes da SS. Mas alguns eram guardas do Exército Polonês, militares capturados que preferiram colaborar com os alemães a serem fuzilados ou morrer de fome. Não fazia diferença para eles e nem para nós. Eram o inimigo agora.

Enquanto saíamos lentamente do nosso cômodo, formando uma fila abatida e aturdida, retardei um pouco minha mãe. Eu tinha explorado o cômodo, nos meses anteriores, tentando descobrir um jeito de escapar, caso fôssemos alvos de alguma batida. E tive uma ideia.

Por alguns instantes, enquanto nossos companheiros de moradia desciam a escada, arrastando seus parcos pertences, minha mãe e eu ficamos sozinhos.

Logo acima da porta, acima da soleira, havia um alçapão que dava acesso a um pequeno sótão. Apoiei um dos pés na maçaneta da porta, ergui o corpo na borda da soleira e empurrei o alçapão, a fim de abri-lo. Depois que subi, estendi o braço para baixo e agarrei as mãos da minha mãe. E consegui puxá-la. Eu estava fraco, mas ela pesava quase nada àquela época.

Silenciosos como ladrões, fechamos o alçapão e rastejamos pelas vigas empoeiradas e cheias de teias de aranha, tateando no escuro e seguindo em direção aos fundos do sótão.

Ao longo dos meses, eu tinha raspado a superfície das vigas, com uma faca, e usado as lascas de madeira para fazer fogo e cozinhar. Na parte de trás, porém, havia uma viga mais alta que ainda não tínhamos raspado.

Nós nos enfiamos atrás daquela viga, no ângulo fechado onde o telhado encontrava os caibros, e ficamos estirados e quietos, em meio aos excrementos de rato e à sujeira. Dali eu podia espiar por baixo do beiral. Na rua, avistei soldados arrebanhando nossos companheiros de moradia nas caçambas dos caminhões: homens, mulheres e crianças. Alguns subiam com maletas, tentando salvar umas poucas roupas e objetos de valor.

Os alemães, minuciosos como sempre, voltaram para nos procurar. Ouvimos uma batida no alçapão ao ser aberto e prendemos a respiração, enquanto um deles enfiava a cabeça através do vão e esquadrinhava o sótão com a luz de uma lanterna. Tínhamos certeza de que ele nos veria ou nos ouviria. Podíamos ouvi-lo, a poucos metros de distância, ofegante devido ao esforço de subir até o sótão. Tudo o que podíamos fazer era ficar ali, deitados, tentando ser invisíveis. Finalmente, depois do que pareceu ser uma hora, ainda que passados apenas alguns instantes, ele desceu de volta ao corredor com um baque.

Ouvimos quando o sujeito desceu a escada, pisando duro. Os berros, o choro e o barulho metálico dos rifles e das travas nas solas das botas diminuíram. Então respiramos, ligeiramente aliviados. Ouvimos os caminhões dando a partida nos motores e se deslocando, enquanto a fumaça adocicada e nauseante dos escapamentos penetrava no sótão pelos beirais abertos.

Depois de mais ou menos uma hora, quando tivemos certeza de que todos tinham partido, descemos pelo alçapão. Agora estávamos sozinhos: minha mãe e eu, no escuro, num prédio que apenas uma hora antes estava apinhado com nossos companheiros judeus.

Quando amanheceu, agimos como se nada tivesse acontecido. Fomos trabalhar, conforme sempre havíamos feito. Os alemães, aparentemente, não cruzavam os nomes das pessoas levadas nas batidas com os nomes das pessoas que trabalhavam todos os dias. Enquanto aparecêssemos para trabalhar, continuaríamos a receber nossa cota de ração, por mais escassa que fosse.

Os soldados nunca admitiam que estavam transferindo as pessoas para matá-las. Quem perguntasse ao *Obersturmbannführer* Schwind, ou a qualquer outro alemão o que acontecia com as pessoas levadas embora do gueto, sempre recebia a mesma resposta:

— Elas estão indo para um lugar melhor. Um lugar onde vão ter melhor trabalho e melhor comida.

Eles repetiam o clichê, o mantra: "Arbeit Macht Frei" — o trabalho liberta. Diziam que, se assumíssemos o compromisso de trabalhar, nos dariam comida.

Contudo, por mais que trabalhássemos, a comida nunca chegava.

Depois de alguns dias, um novo grupo de judeus, parecendo tão robustos e saudáveis quanto nós seis meses antes, mudou-se para nosso cômodo. Ficamos, novamente, apinhados, ombro a ombro.

Passados alguns meses, houve outra batida noturna. Recorri ao mesmo truque, escondendo-me com minha mãe atrás da viga mais alta do sótão.

Parecia errado não contar aos demais sobre nosso esconderijo. Mas, se eu falasse, todos seríamos pegos. Ainda acho que foi errado, tantos anos depois. Sei que fiz aquilo para salvar minha mãe, para me salvar. Eu não tinha opção. Mas foi uma escolha terrível. Por outro lado, sobrevivemos durante mais algum tempo. Eu havia derrotado os nazistas, enganado os assassinos, mesmo que só um pouco. Tive uma sensação sutil, fugaz, de certo controle. Minha mãe e eu ainda estávamos ali. Vivos. Mesmo que somente mais uma semana. Mais um mês. Talvez conseguíssemos escapar de outra batida.

Mais uma vez, as pessoas que haviam sido levadas simplesmente desapareceram da face da terra. Não fazíamos a menor ideia do local para onde eram transportadas. Estávamos isolados, sem qualquer informação, a maioria de nós. Não sabíamos nada sobre o mundo exterior.

O que sabíamos era que, quando alguém era levado, jamais voltava.

Com um pouco de astúcia e muita sorte, minha mãe e eu conseguimos nos safar das batidas e dos ajuntamentos. Parece inacreditável, agora, mas minha mãe e eu sobrevivemos naquele purgatório durante três anos, enquanto ondas de pessoas chegavam e partiam. Isso se deveu, em parte, ao fato de que ambos tínhamos — e conseguimos manter — nossos trabalhos, o que nos livrou do perigo, pelo menos durante algum tempo.

As pessoas desapareciam o tempo todo. O primo da minha mãe, Jacob, que me ajudou a conseguir o emprego na lavoura, chegou em casa um dia, na volta do trabalho, e descobriu que toda a sua família havia sumido. O quarteirão em que ele residia tinha sido esvaziado. A esposa e os três filhos haviam desaparecido sem deixar vestígios, recolhidos numa batida diurna.

Erich Marx e a esposa, Sharon, que trabalhava no escritório da lavoura, desapareceram após uma batida. Era como se nunca tivessem existido.

Um dia, em agosto de 1944, recebi uma notificação de que minha mãe e eu tínhamos sido designados para trabalhar na colheita do outono. A notificação prometia que, quando nos apresentássemos, receberíamos tarjas e papéis que nos qualificariam para participar de um grande esforço a fim de levar a termo a colheita naquele outono. Dizia também que as famílias poderiam permanecer juntas e trabalhar juntas, caso assim se apresentassem. Prometia que não seríamos separados, e que, se nos voluntariássemos devidamente para aquele trabalho, não seríamos capturados em nenhuma batida, diurna ou noturna.

Fomos instruídos a nos apresentar no pátio situado entre os prédios da sede administrativa do gueto.

Trabalhar na lavoura tinha sido uma vantagem concreta para mim, e eu estava ansioso por ajudar minha mãe a conseguir uma ocupação semelhante, se possível; então, corri para buscá-la. E a convenci de que aquilo era a coisa certa a fazer.

Quando chegamos ao pátio, porém, tudo começou a dar errado. Em primeiro lugar, parecia que havia gente demais para trabalhar na colheita. Devia haver quinhentas, ou seiscentas, pessoas amontoadas entre os dois prédios, em fila para obter as tais tarjas maravilhosas, qualquer que fosse a sua aparência.

Jamais descobri como eram as tais tarjas.

Era uma armadilha.

Sempre vou me lembrar de que as janelas dos prédios da sede administrativa tinham persianas tirolesas, de madeira, daquelas que podem ser fechadas sobre o vidro, a fim de impedir a entrada de neve e vento. As persianas conferiam ao pátio a aparência de um lugar onde se vai passar férias de inverno, nos Alpes. Lembro-me de pensar que era estranho aquelas persianas estarem fechadas durante o dia.

Um sobressalto e um silêncio percorreram o povaréu: os guardas, ao fundo da multidão, começaram a empurrar as pessoas para a frente.

Um oficial alemão, posicionado numa das extremidades do pátio, gritou:

— *Achtung! Achtung!* Todos de pé! Levantem-se!

Todas as venezianas se abriram, expondo as janelas escancaradas. Atrás de cada janela havia guardas, empunhando metralhadoras, apontadas para nós. Havia cães, latindo, nas janelas do primeiro andar. Atrás de nós, um caminhão de carroceria aberta, agora com uma metralhadora à mostra, nos encurralava.

Fomos apanhados como animais numa jaula.

A partir daquele momento, o passeio começou.

Capítulo 18

O trem

O s alemães nos conduziram do pátio até uma rua estreita. Não tivemos muito que caminhar. Havia um desvio ferroviário próximo, uma estação fortemente vigiada, por onde pessoas e suprimentos entravam e saíam de Łódź — o mesmo local por onde havíamos entrado no gueto, meses antes.

Seis vagões fechados e toscos aguardavam por nós. Devia haver algumas centenas de pessoas presas ali conosco, comprimidas naqueles carros de madeira.

Os alemães nos cercaram com cães, armas e baionetas. Algumas pessoas gemiam e se queixavam. A maioria era de homens que suplicavam para serem autorizados a ir buscar esposas e filhos — as famílias deixadas para trás, quando foram enviados ao pátio.

O trem começou a sacolejar e a avançar. O sol quente de agosto batia no teto dos vagões. E o calor produzido por tanta gente amontoada num espaço tão pequeno começou a cobrar seu preço.

Eram vagões de carga, cobertos, do tipo utilizado para transportar porcos e gado até os mercados. Não havia janelas, apenas algumas pequenas aberturas, próximas ao teto, todas vedadas com arame farpado. Minha mãe e eu estávamos ali, presos, juntos, colados um no outro, sem fazer ideia de onde estávamos indo, ou do que seria de nós.

78

Não havia espaço suficiente para ninguém se deitar, nem mesmo sentar. Então sacolejávamos e trocávamos cotoveladas. Nós nos revezávamos, sentando ou nos alongando, sempre que possível. Havia idosos, crianças, todos apinhados, junto aos mais fisicamente fortes.

Não tínhamos comida. Nem água. Apenas um balde sujo, que foi empurrado para dentro do vagão, antes das portas serem fechadas e trancadas, e naquele balde deveríamos urinar e defecar.

O calor era sufocante. Houve gente que não aguentou. Alguns idosos morreram ali mesmo, dentro do vagão. E ali ficaram, embolados sob nossos pés, amontoados junto aos vivos.

O trem continuou rugindo, a noite toda, e ao longo do dia seguinte. Em algum momento da tarde, o trem parou. Não fazíamos a menor ideia de onde estávamos, ou do que estava acontecendo conosco. Como eu era pequeno, e fácil de ser levantado, alguns homens me suspenderam, para que pudesse espiar através do arame farpado que cobria as aberturas de ventilação e ver o que havia lá fora.

Não havia nada. Eu não enxergava nada além de campinas. Apenas céu, mato e solo. Alguns fios de arame farpado presos em postes ao longo da ferrovia — era tudo.

Ficamos ali, parados, pelo que parece ter sido algumas horas. Então, quando a noite começou a cair, o trem voltou a avançar.

Acredito que os nazistas fizessem aquilo de propósito — esperando anoitecer para, então, nos levar até nosso local de destino. Sempre que pretendiam nos arrebanhar, preferiam agir à noite, para nos manter perplexos e aterrorizados. Como animais levados ao matadouro.

O trem parou bruscamente, e ouvi gritos e batidas. As portas foram abertas, e fomos ofuscados pela luz de holofotes apontados para nossos rostos.

— Saiam! — berraram os soldados. — Depressa, agora. Mexam-se! Mexam-se! Mexam-se!

Fiquei tão apavorado que meus sentidos paralisaram. O máximo que consegui fazer foi arrastar os pés com os demais. Quando a pessoa fica assustada, exausta e oprimida a tal ponto, o cérebro tende a desligar, a entrar no modo de sobrevivência. Era com isso que os nazistas contavam.

Pulei para fora do vagão, com gente se amontoando à minha frente e me empurrando por trás. Os soldados, a postos, cutucavam-nos e nos golpeavam com armas e cassetetes, caso mostrássemos qualquer sinal de hesitação, qualquer indício de resistência. Pastores-alemães forçavam as coleiras, prontos para nos estraçalhar.

Virei-me e parei, a fim de ajudar minha mãe a descer. Ela estava fraca, devido à exaustão e à fome, e muito magra. Tinha quarenta e três anos, naquela época, mas parecia envelhecida, indefesa e debilitada, quase como um esqueleto.

Tentei segurá-la, ajudá-la de qualquer maneira possível. Alguns homens e eu conseguimos desembarcá-la, embora nossos pés escorregassem, inseguros, no cascalho espalhado ao longo da extensa plataforma de concreto onde o trem tinha estacionado.

Muitos soldados, oficiais e integrantes da SS nos empurravam, de um lado a outro. Eles gritavam e espancavam aquela torrente turbulenta de crianças, mulheres e homens.

— Homens à direita — gritavam. — Mulheres à esquerda!

Percebi, imediatamente, que estavam separando minha mãe de mim. Estavam nos dilacerando. Era como se tivéssemos sido pegos num tornado e arrastados para o céu, para longe um do outro. Havia uma força por trás daquilo; sentia como se estivesse sendo arrebatado.

Vi perplexidade, pavor e confusão nos olhos de minha mãe. Tenho certeza de que ela viu o mesmo em mim. Eu tinha quinze anos, um rapaz, seu bebê, seu filho. Estava tentando cuidar dela. Era minha mãe — e ela tentava cuidar de mim. E nenhum de nós podia fazer nada.

Não pudemos nos despedir. Fomos separados à força. Era como se alguém tivesse decepado meu braço. Ela desapareceu, arrastada até a fila das mulheres.

Fiquei sozinho naquele fluxo de homens e meninos desesperados, e de nazistas brutais, aos berros. Na noite escura, com os holofotes ofuscando meus olhos, eu não conseguia enxergar. Era um turbilhão de luz causticante e sombras escuras. Eu mal conseguia ver as pessoas paradas ao meu lado.

Os guardas empurraram a nossa fila até o fim da plataforma. Ali havia um oficial germânico da SS, de alto escalão, resplandecente em seu uniforme e quepe pontudo, de pé sobre um estranho caixote de madeira. Estava examinando a multidão, nos inspecionando.

À medida que cada um de nós se aproximava, na fila, ele brandia um bastonete, para um lado ou para outro. Estava dividindo a fila dos homens em duas, enviando os mais velhos e mais debilitados, bem como os meninos, para a esquerda. Homens mais altos e mais vigorosos iam para a direita.

Ele olhou para mim, de cima a baixo, como um açougueiro avaliaria um bezerro. E apontou para a direita.

Hoje em dia, é óbvio, pessoas no mundo inteiro sabem o que aquilo significava. Mas, a meu ver, ele estava tão somente escolhendo para qual equipe de trabalho eu iria, ou em qual barracão eu dormiria.

Fomos forçados a marchar noite adentro, e depois empurrados para o interior de um barracão cinzento, onde fomos recebidos por mais guardas alemães da SS e por alguns homens que trajavam uniformes listrados de azul e branco.

Esses homens indagaram se alguém do grupo tinha sido policial no gueto. Três sujeitos levantaram as mãos. Tal gesto foi, para eles, uma péssima ideia. Talvez esperassem receber ali o mesmo tratamento especial: a comida extra e os privilégios recebidos em Łódź por trabalharem junto aos nazistas, contra os companheiros judeus.

Em vez disso, os judeus deram-lhes uma surra. Espancaram um dos policiais do gueto até a morte.

O couro cabeludo do homem foi rasgado, bem aos meus pés.

— Tirem a roupa! — gritaram os homens da SS, em alemão, frase que os detentos traduziram para o polonês e o iídiche.

Eu me despi e joguei minhas roupas numa pilha, com as roupas dos demais. Recebemos ordem de nos ajoelhar. Eu tremia de medo. Os homens rasparam nossas cabeças, tal como um pastor tosquia uma ovelha.

Em segundos, minha cabeleira preta e farta foi parar no chão imundo, embolada com o cabelo dos outros.

Eles me empurraram por baixo de um arco de madeira que espargia um produto químico, fedorento, através de bicos de latão. Cuidaram para que ficássemos encharcados, que o produto atingisse nossas axilas e virilhas. O líquido ardia como o diabo. Queimava feito ácido, especialmente nos pontos onde meu couro cabeludo tinha acabado de ser raspado.

Fomos levados para uma ducha fria, trinta ou quarenta de nós de cada vez. A água gelada me tirou o fôlego, mas pelo menos me livrou daquele desinfetante, dos venenos que carbonizavam minha pele.

E fomos empurrados para o outro lado do prédio. Na saída, havia uma montanha de roupas, e alguém, nas sombras, atirou um uniforme em direção a cada um de nós: uma bola de tecido áspero, listrado de azul e branco. Havia uma touca, um paletó, uma calça e sapatos.

Ficamos ali naquele pátio escuro, com frio, nus e em estado de choque. Começamos a trocar nossas roupas, entre nós mesmos, para conseguir algo que nos coubesse. Eu tinha recebido um par de sapatos cinco números maior do que o meu; então olhei em volta e vi um homem com pés grandes e sapatos pequenos, e troquei os meus com os dele. Meu paletó era tão grande que eu parecia um palhaço. Então troquei por um menor.

Um dos presos disse:

— Bem-vindos a Auschwitz.

Foi a primeira vez que ouvi aquela palavra.

Olhei ao redor, tentando me orientar. Estávamos cercados por uma parede de tijolos, à esquerda, e uma cerca de arame farpado, à direita, em algum local ao ar livre, em plena escuridão.

Quando meus olhos se habituaram ao breu, pude ver que a parede à esquerda fazia parte de uma edificação, provida de uma enorme chaminé. Fumaça, chamas e faíscas eram expelidas pela chaminé, bem acima da minha cabeça. Bem como um cheiro sufocante, rançoso e adocicado. Um cheiro que parecia exalar de cada tijolo e cada tábua de madeira dos prédios à minha volta.

Lembrei-me do outro grupo de homens, marchando ao nosso lado pela plataforma do trem. Os meninos e os idosos, mais fracos. Aqueles que tinham sido enviados para a esquerda.

Lá estávamos nós, no pátio, experimentando toucas e trocando sapatos, no ar entorpecente da noite. Mas os velhos e os meninos que tinham ido para o outro prédio, aquele com a chaminé raivosa, jamais saíram dali.

Capítulo 19

Mão erguida. Braço tatuado.

Estava frio e muito escuro. O som de um apito — o apito terrível do ancião do bloco — parecia apunhalar minha cabeça. Aquele apito me arrastou para baixo, como uma âncora que puxa um homem afogado para a profundeza das águas, tirando-me do santuário do meu sono embolado.

Quando sonhava, eu voltava, mesmo que por apenas alguns instantes, a ser o pequeno Heinz Oster, o garoto inteligente e curioso, nascido em Colônia. Às vezes, no sonho, eu conseguia me lembrar de como era viver como um ser humano — aquele menino alemão, agitado e estudioso, que tinha uma vida, uma casa, uma família, um futuro.

Mas, quando despertava, não existia mais nenhum "eu". A realidade me atingia novamente. Eu era judeu. Um vírus. Um prisioneiro. Uma engrenagem naquela máquina mortífera. Quando despertava, não havia lugar onde pudesse me esconder.

Os homens ao meu redor rolaram de seus respectivos estrados de madeira, cheios de farpas, e se sacudiram, para recuperar a consciência.

Lembrei-me de que minha mãe havia sido arrancada de mim na noite em que chegamos. Eu sabia que ela certamente tinha ido para a câmara de gás, e depois para os fornos, naquela primeira noite em Auschwitz.

Lembrei-me de que estava congelando, naquele uniforme todo amassado. Que estava todo dolorido, com sede, com fome e coberto de poeira e suor, coberto da minha própria imundície. Que meus ossos doíam, de tanto eu me virar e revirar, junto a outros cinco homens, num estrado tosco de madeira.

E lembrei-me de que, se não arrastasse imediatamente meu corpo magricelo até o pátio, não sobreviveria para mergulhar em mais uma daquelas manhãs sombrias e sem esperança.

— *Appell! Appell!* — O ancião do nosso bloco, o condenado alemão que, graças à lógica insana de Birkenau, subcampo da fábrica da morte de Auschwitz, tinha sido promovido à condição de semideus, gritou a ordem para nos reunirmos.

Uma corrente de prisioneiros se arrastou em direção à porta do barracão, fluindo até o pátio gelado, feito baratas que fogem do fogo. Todos tínhamos medo de sermos notados como o mais lento, e tampouco queríamos ser vistos como o mais rápido, por receio de atrairmos qualquer tipo de atenção. Nos primeiros meses ali, agarrando-me à vida naquela antecâmara da morte, aprendi que a única maneira de continuar respirando era ser um fantasma. Meu objetivo de vida era ficar invisível, para sempre invisível diante dos anciões do bloco, dos judeus colaboradores *Kapos* (inimigos e vítimas dos nazistas) e dos impiedosos guardas da SS.

Se não me vissem, não poderiam me "selecionar". Ser "selecionado", todos sabíamos, significava fazer uma viagem só de ida até as câmaras de gás. E, depois, ser atirado aos fornos dos crematórios, cujas chaminés pairavam qual abutres acima de Birkenau, jamais se afastando da nossa vista, nem da nossa mente, sempre ardendo e rugindo, logo adiante dos telhados do barracão.

Os alemães, meus compatriotas e algozes, esforçavam-se para nos ludibriar, para nos confortar, para evitar o pânico entre nós, prisioneiros. Eram poucos, enquanto nós éramos milhares. Eles tinham as armas, mas sabiam que nós tínhamos os números. Então faziam o possível para nos manipular, a fim de obedecermos às suas ordens. Diziam qualquer coisa para deter o terror visceral que aflorava em homens, mulheres e crianças quando se davam conta de que, com certeza, naquele dia, naquele segundo, estavam sendo conduzidos à morte.

Apesar das mentiras e dos engodos, sabíamos que a fumaça, as chamas e as cinzas expelidas pelas chaminés — as infernais chaminés que se elevavam sobre o complexo — eram os restos mortais dos nossos companheiros judeus. Eram os derradeiros vestígios dos homens velhos e fracos, e das mulheres e crianças que desembarcavam, dia após dia, vagão após vagão, na plataforma ferroviária de Birkenau. Gente inocente que passava pela mesma seleção que eu, mas que, por capricho de um alemão, a partir do simples movimento de um bastonete, era enviada para o outro lado.

Aqueles que, a exemplo da minha mãe, foram mandados para a esquerda.

Aos quinze anos, eu já era um pouco alto para minha idade — o que pode muito bem ter sido o motivo pelo qual fui poupado na plataforma, naquela primeira noite. Eu era alto, mas magro. Meu corpo se adaptou às rações escassas, ao medo ininterrupto, ao sono agitado, à luta complicada para sobreviver. Era a única vida que eu conhecia. Eu tinha dominado a arte de me inserir no fluxo da humanidade desesperada à minha volta. Eu mantinha a cabeça baixa, jamais arriscando qualquer contato visual com um alemão, sempre mantendo um prisioneiro mais visível entre minha forma franzina e os olhos da SS.

Naquela manhã sombria, assim como em todas as outras manhãs das últimas semanas, nós, prisioneiros, nos dividimos em fileiras de cinco, na lama congelada e no vento cortante do inverno polonês. "Appell" era a chamada, duas vezes por dia, e os guardas da SS a conduziam com uma absurda rigidez teutônica. Nem mesmo a morte poupava um indivíduo daquela provação. Cada prisioneiro precisava ser contado, vivo ou morto. Caso um prisioneiro tivesse morrido no barracão durante a noite, ou no precário hospital, ou em alguma equipe de trabalho que atuasse em qualquer outro local do campo, ou tivesse se atirado contra a fiação elétrica, ou se enforcado na latrina, os alemães exigiam que o cadáver fosse apresentado pela manhã, amparado por algum prisioneiro infeliz, com o defunto ainda ocupando seu lugar nas fileiras dos miseráveis e condenados.

Com doloroso zelo, o ancião do bloco contou os homens que estavam a seu cargo. Quando terminou, depois de verificar os números, ele os relatou ao guarda da SS que supervisionava o barracão. O guarda fez sua própria contagem e recontagem — inspecionando os prisioneiros, criticando o ancião do bloco e se mostrando tão presunçoso e desagradável quanto possível. Então o guarda, por sua vez, entregou a contagem ao seu superior — que provavelmente realizava as próprias verificações e contagens, criando uma demora excruciante.

O *Appell* era algo que, muitas vezes, demorava três ou quatro horas — horas em que éramos forçados a ficar em posição de sentido, no frio congelante ou na chuva de gelar os ossos, vestindo nada além dos uniformes sujos, listrados de azul-anil, confeccionados em pano de estopa. Num dia bom, aquilo já era uma tortura; mas na chuva, ou no vento cortante, era, muitas vezes, fatal. Alguns prisioneiros pereciam ali mesmo, onde estavam.

Se um prisioneiro saísse da fila, desmaiasse ou chamasse a atenção de algum modo, os guardas surravam o desgraçado com suas pistolas, os sempre presentes bastonetes ou as botas com biqueira de aço. Se o prisioneiro morresse em consequência da surra, tanto melhor — o defunto já estava enfileirado, no lugar certo, pronto para ser contado.

Naquela manhã, o *Appell* transcorreu sem muito drama, nem sofrimento. Fomos liberados para voltar ao barracão, para iniciar mais um dia sem fazer nada.

Eu era o único prisioneiro no meu barracão que falava alemão: a maioria dos meus companheiros era de judeus poloneses que viam pouca utilidade no adolescente magricelo e quieto que falava a língua dos captores. Eu não tinha nenhum amigo ali, nenhum conselheiro, nenhum protetor. Nem mesmo um Deus — fazia bastante tempo que eu havia desistido de orar e crer. Tudo o que eu tinha no mundo era minha caneca, meu uniforme folgado e manchado, e meu corpo ossudo e mirrado.

Depois da "refeição matinal" à base de pão duro, os prisioneiros se espalhavam lentamente, vagando sem propósito pelas fileiras de barracões de madeira. Além de fazer fila para o *Appell*, disputar comida ou morrer, não havia mais nada a fazer.

Os alemães nos pouparam durante algum tempo, por algum motivo perverso, desconhecido. Meus companheiros de prisão e eu supostamente "úteis" não vivíamos, propriamente, em Auschwitz/Birkenau — estávamos ali armazenados, como se fôssemos caixotes de repolho ou fardos de feno. Tudo o que podíamos fazer era esperar. Esperar que o tifo, ou a inanição, ou a escarlatina, ou a pneumonia nos levasse. Esperar para sermos espancados até a morte. Esperar para sermos enforcados por alguma infração mínima. Esperar para sermos selecionados, para sermos transportados num daqueles caminhões sinistros. Para desaparecermos no ar, reduzidos a cinzas e fumaça.

No final daquela manhã, fui até o galpão da latrina, caminhando com uma lentidão proposital, economizando cada fração de energia. Sentei-me na tábua áspera e fria sobre a vala aberta de esgoto, lutando para expelir algo, qualquer coisa. Se a pessoa não come, eu tinha aprendido, não defeca.

Eu tinha acabado de expelir uma bolota dura e densa, quando um prisioneiro enfiou a cabeça pela porta.

— Estão fazendo uma seleção! — gritou ele. — Querem adolescentes. Só adolescentes!

Não sei por que, mas me vi criando forças para ficar de pé, prender a calça em volta da cintura fina e correr em direção ao pátio. Quem quisesse continuar vivo, eu bem sabia, nunca se apresentava como voluntário. Era essa a sabedoria comum, repetida, noite após noite, enquanto nos deitávamos, empilhados feito tapetes enrolados nas pranchas que serviam de cama. Mas agora, por um motivo que nem eu mesmo entendia, queria ser voluntário. Talvez tenha sido por conta da pura monotonia de esperar, de me deteriorar, morrendo de fome. Algo, qualquer coisa, haveria de ser melhor do que aquilo.

Ou, pelo menos, seria um fim para aquilo tudo.

O pátio já estava cheio, com as dezenas de meninos adolescentes, como eu, que responderam ao chamado, ou que até ali foram levados pelos anciões dos blocos. Tratava-se da totalidade de meninos detidos em Birkenau — menos de duzentos garotos, num mar de judeus adultos. Fomos rapidamente dispostos ao longo do pátio, vinte ou vinte e cinco por fileira, oito fileiras ao todo.

Oficiais da SS selecionavam prisioneiros posicionados na frente da multidão, apontando para alguns, indicando que se movessem para a esquerda. Caso houvesse um lado bom, qual haveria de ser? Não havia como saber, não havia tempo para pensar. Seria aquilo uma oportunidade, uma chance de sobreviver? Ou uma porta de entrada para a morte — mais um ardil, na interminável série de mentiras bizarras levadas a cabo pelos alemães?

Isolado numa das últimas filas, percebi que tinha poucas chances de ser escolhido, para o que quer que fosse.

Ouvi uma voz fraca gritar, em alemão. Fiquei surpreso ao me dar conta de que era a minha. Eu me surpreendi erguendo uma das mãos, a fim de ser visto lá atrás.

— *Ich spreche Deutsch!* — gritei, procurando chamar a atenção do selecionador. "Eu falo alemão!"

O oficial ergueu o rosto, olhou diretamente para mim, e disse:

— *Du da!* — "Você aí!". E sinalizou, chamando-me, da parte de trás das fileiras, com seu bastonete, como se fosse o sinistro maestro de uma orquestra desesperada. — Ali! — bradou, apontando para o grupo menor, ao lado.

Olhei em volta, para meus colegas selecionados. Isso me deu uma pequena dose de ânimo. Meus colegas pareciam um pouco mais vigorosos, um pouco mais perspicazes, um pouco menos esfomeados do que os demais. E em Birkenau, quanto mais forte a pessoa parecesse, mais saudável aparentasse estar, por mais tempo continuava respirando.

Os garotos rejeitados, ainda enfileirados, não faziam ideia se haviam perdido o bonde, qualquer que fosse o bonde, ou se tinham acabado de ser poupados de algum fim horrível. Mas muitos pareciam sentir que haviam perdido uma oportunidade.

Alguns resmungaram. Alguns gemeram. Alguns choraram. Nós, os garotos escolhidos, ainda estávamos inseguros, ainda apavorados. Mas, pelo menos, tínhamos sido escolhidos. E naquele pátio, naquele dia em Birkenau, de algum modo, ser selecionado parecia preferível a ser deixado para trás.

Os guardas nos fizeram marchar até um barracão comprido que margeava o pátio. À medida que meus olhos se acostumaram à escuridão, distingui uma longa fileira de mesas, cada uma ocupada por dois soldados alemães.

Os alemães tinham um livro de registros aberto sobre cada mesa, ao lado de uma caneta, um tinteiro e uma seringa estranha, cheia de um líquido preto.

Isso não é tão ruim, pensei, com uma centelha de esperança. *Eles vão ouvir a minha história, vão fazer algumas perguntas, anotar alguns registros. É quase como se eu valesse alguma coisa.*

O oficial da SS encarregado ordenou que nos enfileirássemos diante de cada mesa. E arregaçássemos a manga esquerda do paletó. Quando cheguei à mesa, um guarda ordenou que eu dissesse meu nome.

— Heinz Adolf Israel Oster — falei. Os alemães haviam incluído "Israel" ao nome de todo judeu do sexo masculino.

Ele anotou meu nome no livro de registros. Dirigiu-me um olhar severo e fez um comentário irritado sobre meu nome — não gostou do fato de o nome conter as palavras "Adolf" e "Israel" tão próximas uma da outra.

Em seguida, o outro alemão agarrou minha mão esquerda e segurou-a com uma força surpreendente. O primeiro alemão começou a espetar a agulha hipodérmica, cheia de tinta, no meu braço, gravando uma série de caracteres, ponto por ponto, na minha pele trêmula e sangrenta.

Percebi que estava sendo tatuado. Através do sangue e da tinta, consegui distinguir meu número — o número grande e ligeiramente torto que ainda hoje posso ver no meu braço.

Ao me afastar da mesa, vi que era oficial. Eu já não era Heinz Adolf Oster. Era B7648.

Nós, meninos, tivemos que marchar, trêmulos e sangrando, para fora do complexo com cercas de arame farpado. Uma fileira de caminhões fechados nos aguardava ali. Os soldados ordenaram, com a impaciência de sempre, que embarcássemos nas carrocerias.

Nosso pequeno comboio se pôs em movimento, rumo a um destino desconhecido.

Eu me vi amontoado, ombro a ombro, dentro de uma caçamba que mais parecia um cofre. Na minha limitada experiência, a maioria das carrocerias de caminhões que eu conhecia era mal construída, com frestas e buracos por onde a luz penetrava. Mas aquele caminhão não tinha fresta alguma. Eu vi algumas vedações estranhas, de feltro, ao redor da porta e das aberturas das janelas, como se o caminhão tivesse sido construído para impedir que o ar externo entrasse, ou o ar interno saísse.

Os meninos espremidos ali comigo estavam assustados, sangrando e desnorteados. Enquanto os caminhões se afastavam lentamente de Birkenau, sussurrávamos, um para o outro, na escuridão, falando o iídiche que aprendi no gueto:

— Para onde estamos indo?

— Será que vão nos colocar para trabalhar?

— Será que vão nos matar com gás?

— Nos fuzilar?

Capítulo 20

Para os estábulos

O comboio de caminhões parou. Ouvimos um som de algo sendo arrastado, um rangido. Mais tarde, constatei que era o portão principal, enferrujado, do campo principal de Auschwitz — o famoso portão, em forma de arco, exibindo as palavras *Arbeit Macht Frei* fundidas em letras de ferro pretas, acima da via de acesso.

Como ovelhas, fomos conduzidos para fora das caçambas sombrias dos caminhões, e ficamos agrupados, pestanejando sob a inclemente luz do sol. Aquele era o nosso novo lar: os edifícios de tijolos, os postes de concreto e o arame farpado de Auschwitz I.

Bem antes do amanhecer seguinte, nosso novo ancião do bloco nos acordou, aos berros, e nos conduziu até o pátio. O ancião daquele barracão era outro criminoso alemão, e havia conquistado seu lugar em Auschwitz por conta de um ato que chocou até os guardas da SS. Ele havia assassinado a própria mãe, delito considerado especialmente inominável no mundo do crime alemão, mesmo por outros assassinos, estupradores, bandidos e ladrões inveterados.

Nós, garotos, 131 novos recrutas ao todo, fomos separados dos demais e ordenados a nos organizar em quatro filas. Saímos marchando pelo portão de arame farpado, em formação, enquanto os soldados, como sempre, intimidavam nossas fileiras com seus gritos incessantes.

— *Schnell, schnell, schnell* — gritavam, toda vez que nos movíamos. "Depressa, depressa, depressa."

Parece um clichê, hoje em dia: em todos os filmes sobre a Segunda Guerra Mundial veem-se nazistas, com seus pastores-alemães e seus bastonetes, berrando: "Schnell, mach schnell!" Mas é um clichê baseado na realidade. Era assim mesmo.

Depois de meia hora de marcha, passando por portões de arame farpado, por terrenos baldios e prédios administrativos, chegamos a outro conjunto de construções, estas baixas e de madeira, que pareciam, vistas pelo lado de fora, versões pintadas dos barracões de madeira que havíamos deixado para trás, em Birkenau.

Os oficiais da SS nos dividiram em grupos de dez ou doze, enviando cada grupo a um dos barracões. Quando entramos nos prédios, esperávamos nos deparar com os já conhecidos estrados de madeira nos quais dormíamos, mas encontramos estábulos, com baias ocupadas por cavalos bufando, resfolegando. Depois de ter passado todos aqueles dias e noites vivendo em meio à miséria humana, amontoado junto aos meus companheiros de prisão, como se fôssemos ratos, o cheiro tépido de feno, urina e estrume de cavalo, na verdade, foi algo que me consolou. Era um odor cativante. Cheirava mais à vida do que à morte.

Eu me permiti um momento de alívio, olhando para os cavalos, para meus companheiros de prisão e para os alemães, sendo que estes exibiam uma atitude ligeiramente menos ameaçadora do que a habitual.

Pelo menos, viemos aqui para trabalhar, pensei. *Eles não iriam nos trazer até aqui, se apenas quisessem nos fuzilar.*

Dois oficiais da SS entraram no estábulo e começaram a explicar, por meio de um intérprete polonês, exatamente o que deveríamos fazer e como deveríamos trabalhar.

Havia vinte e oito animais no estábulo, e fomos informados de que a maioria era formada por éguas prenhas, prestes a contribuir com potros para o esforço de guerra germânico. A Europa, sobretudo a Europa Oriental, ainda era, em grande parte, uma sociedade que dependia de cavalos de tração, e os alemães precisavam de cada gota de gasolina para tanques e caminhões, bem como para as aeronaves da Luftwaffe. Descobriu-se, também, que a bitola das ferrovias — o espaço entre os trilhos — era mais larga na Rússia do que na Alemanha; portanto, enquanto os trilhos não fossem convertidos, as locomotivas e os vagões alemães eram inúteis. Por causa disso, os alemães precisavam de centenas de milhares de cavalos de tração para transportar homens, armas e suprimentos, em todos os territórios ocupados, e aquele conjunto de estábulos era apenas um entre as centenas por eles construídos para atender a essa demanda.

Cada um de nós foi incumbido de cuidar de três ou quatro éguas. Os alemães deixaram bem evidentes que os equinos eram muito mais valiosos do que nós, prisioneiros: se algo acontecesse com um dos animais sob nossos cuidados, ou com seu potro, era certo que não viveríamos por tempo suficiente para outro animal nos ser designado; nós nos tornaríamos "entretenimento de domingo", tal como ocorria no gueto de Łódź: seríamos enforcados no portão principal, ao meio-dia, com a banda militar executando uma trilha sonora sombria.

Cada um de nós recebeu um balde, uma escova e uma pá. Os oficiais nos mostraram como deveríamos dar água aos cavalos, escová-los, alimentá-los com feno, cenouras e trevos, e descartar o estrume e a palha encharcada de urina. Também nos disseram que furtar comida dos cavalos — embolsar uma cenoura, ou enfiar alguns grãos de cereais na boca, supondo que ninguém estivesse olhando — também resultaria em pena de morte. Nós acreditamos neles.

Fomos postos a trabalhar, um serviço diuturno e extenuante, cada um cuidando de suas éguas, desde antes do amanhecer até quase meia-noite. Embora fosse árduo, o trabalho era quase agradável. Senti o sangue voltar a correr nas veias — o exercício físico fez com que eu me sentisse melhor, uma sensação que eu não experimentava havia muito tempo. Era preferível fazer alguma coisa, qualquer coisa, a definhar, esperar pela morte, em Birkenau.

Enquanto marchávamos em compasso dobrado pela escuridão naquela noite, em formação rígida, de volta ao nosso novo barracão, me surpreendi sentindo uma faísca de esperança. Talvez eu conseguisse sobreviver por mais algumas semanas, ou até mais alguns meses, se mantivesse os olhos abertos, a cabeça baixa e exercesse bem aquele precioso trabalho.

Mas, então, o pavor voltou. *Os cavalos estavam bem-cuidados quando ali chegamos*, pensei, enquanto marchava na fria noite polonesa. *Alguém com certeza havia cuidado deles antes da nossa chegada.*

Algo repentino e decisivo, e provavelmente muito ruim, teria acontecido com os antigos cuidadores. Quanto tempo levaria até que o mesmo acontecesse comigo?

CAPÍTULO 21

Mutti, Olga e Barbarossa

Nosso trabalho nos estábulos rapidamente se tornou rotina. Depois da chamada matinal, realizada antes do amanhecer, em frente ao nosso barracão no campo principal, marchávamos em fila dupla, cerca de um quilômetro e meio até os estábulos. À noite, depois de uma jornada de trabalho de doze a dezesseis horas, marchávamos de volta, sempre depois que escurecia.

Quando nós — os cento e trinta cavalariços e eu — fomos designados para os estábulos de Auschwitz, coube a mim cuidar de dois animais, duas éguas que já estavam prenhes de potros gerados naquela temporada. Eu precisava aprender como assistir as éguas na ocasião do acasalamento, como monitorá-las durante a gestação e como cuidar para que parissem sem problemas.

As éguas já tinham nomes quando cheguei ali. Uma se chamava Mutti e a outra, Olga; placas de madeira, com os nomes dos animais gravados, haviam sido afixadas acima da porta de cada estábulo.

A maioria dos outros meninos cuidava de três ou quatro éguas, mas fui também designado para cuidar do enorme garanhão, Barbarossa, cuja função era atuar como reprodutor naquele harém de fêmeas. Era muito mais trabalhoso cuidar de um garanhão, por conta das atividades extras relacionadas ao processo de acasalamento; então acabei ficando apenas com duas éguas.

Barbarossa era um belo e imponente cavalo árabe, de pelo castanho-avermelhado. Para mim, um garoto magro e faminto egresso da cidade, ele era absolutamente lindo. Por ter sido ensinado e adestrado em alemão, só respondia a comandos em alemão; sendo o único garoto que falava o idioma, fui escolhido para ser seu cuidador.

Era uma imensa responsabilidade, e devo admitir que me senti um tanto orgulhoso por ter sido selecionado para cuidar do cavalo. A função também elevou meu status entre os outros cavalariços que, em um primeiro momento, não gostaram muito de mim — eu era o único que falava alemão, no meio de todos aqueles meninos judeus poloneses. Visto que podia me comunicar melhor com os guardas, era relativamente mais fácil, para mim, evitar encrencas: eu sentia que os guardas tendiam a confiar um pouco mais em mim do que nos demais.

Era meu trabalho alimentar os três animais, exercitá-los, lavá-los, escová-los e limpar suas baias — atendê-los em tudo o que precisassem. E, lógico, tínhamos que cuidar do abastecimento dos estábulos: prover feno, cenouras, aveia e trevos para os cavalos, bem como recolher esterco e palha suja.

Estávamos ali para fazer o máximo possível para manter aqueles cavalos saudáveis, e para assegurar que produzissem o maior número possível de crias, em benefício do esforço de guerra germânico. Não passávamos de engrenagens na máquina, escravizados para ser usados e descartados. Contudo, se fizéssemos bem nosso trabalho, pensávamos, os alemães não teriam um bom motivo para nos aniquilar. Não que eles precisassem de um motivo, mas a teoria era que, se estivéssemos contribuindo para o esforço de guerra, se nos tornássemos difíceis de substituir, poderíamos simplesmente permanecer vivos.

Descobrimos que, enquanto alimentávamos os cavalos, dia após dia, era possível furtar um pouco da comida, de vez em quando. Conseguíamos esconder um pouco de aveia, ou algumas cenouras, quando os alemães não estavam vigiando.

Podíamos também furtar um pouco de leite das éguas, depois que elas pariam. Às vezes, os potros adoeciam logo após nascerem: ficavam com diarreia e, quando isso acontecia, perdiam a vontade de mamar. Além disso, sigilosamente, deixávamos os potros beber água, em vez de leite da mãe, para que as éguas tivessem leite sobrando. Quando isso acontecia, podíamos tomar alguns goles de leite de égua, quando os guardas não estavam prestando atenção.

Se os soldados nos surpreendessem, tudo estaria acabado. Eles realizavam inspeções todos os dias, nas quais nos obrigavam a abrir a boca, para olharem lá dentro, munidos de lanterna. Se encontrassem fragmentos de cenoura mastigados, ou um bolso cheio de aveia, era o fim. O indivíduo era levado e enforcado no domingo seguinte. Sempre que comíamos alguma coisinha durante o dia, cuidávamos para logo lavar a boca, a fim de esconder as evidências.

É impressionante o que uma pessoa é capaz de fazer para sobreviver. Valia a pena arriscar a vida, porque, caso não nos alimentássemos o suficiente — e jamais nos alimentávamos o suficiente —, morreríamos de inanição, dentro de poucas semanas, de qualquer maneira.

Os alemães inspecionavam nossos corpos e nossas roupas durante o dia, mas não costumavam nos revistar à noite, quando marchávamos de volta ao barracão. Encontramos maneiras de esconder um pouco de comida nas redondezas dos estábulos, durante o dia de trabalho, e resgatávamos os guardados no fim da tarde, antes de voltar para o barracão.

Era importante nunca usar o mesmo esconderijo dois dias seguidos, porque, se os guardas vissem alguém voltando ao mesmo local muitas vezes, descobririam o que a pessoa andava fazendo. Um dia, uma cenoura ia parar embaixo de um tijolo; no dia seguinte, embaixo da viga, no teto da baia de um cavalo.

Descobri um pequeno esconderijo. A baia que abrigava Barbarossa era também o local onde lavávamos os cavalos, a cada dois ou três dias. Havia um buraco no piso de concreto, para escoar a água. Com um prego, soltei os parafusos, de modo a remover a tampa que cobria o ralo. Costumava esconder algumas cenouras ali embaixo e, então, à noite, quando estávamos terminando o trabalho, eu as pegava e enfiava na roupa, contrabandeando-as para o barracão.

Cuidávamos para não fazer nenhum barulho quando engolíamos algo: uma cenoura crocante, em plena noite, quando estávamos marchando de volta para o barracão, significaria uma sentença de morte.

Eu também comia os trevos que eles nos davam para alimentar os cavalos — era possível esconder as folhas no cocho, onde os cavalos comiam, de maneira que houvesse sobras, depois que o animal se fartasse. Achávamos que não devíamos comer as flores do trevo, mas as folhas verdes nos propiciavam um pouco de nutrição, algo que os outros internos não obtinham.

Foi assim que sobrevivemos, os outros cavalariços e eu. Simplesmente dispúnhamos de um pouco mais de acesso a bocados de comida, aqui e ali, um pouco mais de energia para nos manter vivos.

Capítulo 22

O potro na campina

Minhas éguas, Mutti e Olga, estavam no início da gestação, quando fui designado para os estábulos, mas a cada dia que passava ficavam maiores.

Alguns dias, levávamos os cavalos até uma campina próxima, para deixá-los pastar e fazer um pouco de exercício. Permanecíamos dentro da área do enorme complexo de Auschwitz, tudo cercado de torres de guarda e arame farpado; portanto, nunca imaginamos que pudéssemos escapar. Não havia para onde fugir — nem pessoas, nem povoados que pudessem nos acolher. Eu estava em um país estrangeiro, comandado por alemães, e tinha certeza de que ninguém me ajudaria, nem me esconderia, tampouco me alimentaria, se eu cometesse a tolice de tentar fugir. E tampouco poderia passar despercebido na Polônia em tempo de guerra — eu tinha a cabeça raspada, um braço tatuado, um uniforme listrado e um corpo esquelético. Para os alemães, eu era um judeu inútil; para os poloneses, eu era ainda pior: alemão e judeu.

Mas estar na campina me propiciava um pouco de liberdade. E me permitia colher algumas verduras que encontrasse nas pastagens, ou à beira da estrada.

Aprendi que dentes-de-leão, se colhidos na época certa do ano, eram comestíveis e me proporcionavam um pouco mais de nutrição. O truque era colher as flores antes que se abrissem, antes que ficassem demasiado amargas.

Por meio de tentativa e erro, aprendi a colher e comer algumas outras ervas e plantas. Eu guardava no bolso uma pequena lasca de aço, que usava para arrancar plantas ou raízes, sempre que as encontrava.

Um dia, no final da tarde, eu estava num enorme prado, com minhas duas éguas, quando Olga entrou em trabalho de parto. Pensei que Mutti seria a primeira a parir, porque estava imensa, mas não, foi Olga; e lá estava eu, sozinho naquele campo com as duas éguas, uma delas se debatendo no solo prestes a parir.

Para piorar a situação, estávamos numa depressão no meio do pasto, onde trevos tinham sido plantados, e havia água acumulada. E, naquele momento, a sirene das quatro da tarde soou, sinalizando que era hora de voltar aos estábulos, para as tarefas noturnas e a chamada.

Eu só conseguia pensar: *Estou enrascado. Olga está parindo, aqui e agora, com a idiota da Mutti parada ao lado, completamente alheia à situação. Se eu abandonar Olga aqui, para chegar antes da chamada, e algo acontecer com ela ou com o potrinho, estou morto. Mas, se eu ficar aqui com ela, os guardas vão fazer a contagem, vão descobrir que estou faltando e acionarão o alarme. Vão pensar que estou tentando fugir. E se pensarem que há uma tentativa de fuga, o campo de concentração inteiro vai enlouquecer. Eu tinha visto isso acontecer muitas vezes antes. Eles atirariam primeiro, e fariam perguntas depois. Ou, mais provavelmente, não fariam pergunta alguma.*

Decidi ficar com Olga. Ela era minha responsabilidade e minha amiga. Cuidar daqueles cavalos havia se tornado uma paixão, uma ilha de esperança e vida num oceano de morte. Eu havia me conectado às éguas, como se estivéssemos juntos naquela provação, e não queria deixar uma delas sozinha ali.

Ela gemia e gania, se debatendo de dor. Olhei para o canal vaginal, conforme tinham me ensinado, e, com toda certeza, havia duas perninhas.

Os cavalos devem sair, primeiro, com as patas dianteiras, tendo a cabeça enfiada entre as patas. As pernas vinham na posição correta, mas a cabeça estava de lado.

Precisei enfiar o braço dentro do canal vaginal, molhado e ensanguentado, encontrar a cabeça e puxá-la, para que apontasse na direção certa. Se eu não fizesse isso, Olga morreria, o potrinho morreria, e eu também, tão logo os alemães descobrissem o que havia ocorrido.

Tive que fazer bastante força, mas, depois de mexer dentro do ventre da pobre égua, consegui puxar a cabeça do potro. O filhote, então, escorregou para fora, e eu o segurei para que pousasse suavemente no chão.

O potro estava envolto no saco amniótico, uma membrana fina, escorregadia, semelhante a uma capa de chuva transparente, manchada de gosma e líquido amniótico. E vi, imediatamente, que estava morto. Estava inchado e sem vida. Uma infecção grassava nos estábulos naquele momento, sendo responsável pela incidência de muitos abortos e animais natimortos.

Parei, por alguns segundos, a fim de recuperar o fôlego. Podia ouvir um alvoroço do outro lado da colina, vindo do campo de concentração. Podia ouvir os pastores-alemães latindo, guardas gritando, e sabia que estavam correndo de um lado para o outro, ansiosos por fuzilar um judeu fujão.

Espiei por cima da colina e pude vê-los chegando. Seis ou sete soldados corriam, carregando seus rifles Mauser, junto a três ou quatro cães, todos subindo rapidamente a encosta.

Hoje é meu último dia, pensei. Vi um galho no chão, caído de um carvalho próximo. Peguei o galho e coloquei minha touca na ponta dele, listrada de cinza e azul e suja, e agitei-a acima da colina, para que os soldados pudessem vê-la, antes de me verem.

Como eu já esperava, um daqueles idiotas disparou contra a touca — reagindo a qualquer coisa que se movesse.

Acenando com a touca acima da cabeça, comecei a gritar, em alemão:

— Estou aqui! Estou aqui!

Todos irromperam pelo topo da colina e me viram, com a égua deitada no chão e o potrinho morto ao lado. Aos berros, os guardas apontaram seus rifles contra mim.

O líder, um dos alemães, decidiu me testar — para se certificar de que eu não era um fugitivo de outro campo de concentração, eu acho.

Perguntou qual era meu número de prisioneiro. Não aquele tatuado no braço, mas o número costurado no meu uniforme, o número do uniforme que me deram quando cheguei a Birkenau.

Embora o número estivesse estampado no meu peito desde que cheguei, não consegui me lembrar. Eu não fazia a menor ideia. Simplesmente não era algo que alguém costumasse me perguntar; então, em pânico, não consegui me lembrar.

Eu tinha certeza de que iria morrer. Fiquei repetindo, em alemão:

— Eu não estou fugindo! Fiquei aqui com a égua porque ela estava parindo! Não é minha culpa que o potro esteja morto!

Um judeu fluente em alemão era algo bastante raro, naquela época, em Auschwitz. Portanto, a situação fez com que eles parassem e ouvissem um pouco. E, talvez, tivessem um pingo a mais de compaixão por um judeu-alemão do que teriam por um judeu-polonês.

O líder do pelotão respirou fundo. Parecia acreditar em mim.

Talvez eu sobreviva, no fim das contas, lembro-me de ter pensado.

Dois soldados ficaram comigo. Esperamos até que Olga pudesse se levantar novamente. O potrinho morto ainda estava envolto na membrana cinzenta e viscosa. A égua precisava morder e lamber a membrana, removendo-a do potro, e eu tinha sido orientado a salpicar sal na membrana, para estimular a égua a iniciar o processo. Acho que as éguas comem a membrana e a placenta para impedir que predadores, tais como lobos, farejem a placenta e o sangue e venham correndo, ao sentir o cheiro de uma égua parindo. Se não comem a placenta, as éguas ficam, às vezes, nauseadas e vomitam. E aquilo também a ajuda a reconhecer seu potro no meio da manada, no meio de todos os outros filhotes. Pelo menos, foi o que aprendemos nos estábulos. Ali, em plena campina, porém, cercado por soldados, eu não tinha nenhum sal.

Mas Olga era uma boa égua e agiu instintivamente. Mesmo que o potro estivesse morto, ela conseguiu se levantar e o lambeu, até ele ficar limpo.

Os soldados que tinham voltado ao campo enviaram uma pequena carroça, puxada por cavalos, e o potrinho foi içado para dentro e levado para o estábulo.

Quando retornei minhas duas éguas ao estábulo, de volta às baias, não sabia se estava fora de perigo ou não.

Algo que talvez tivesse me salvado foi a reação do veterinário assistente, da SS, que inspecionou o potro morto. Ele não podia demonstrar qualquer bondade, ou fraqueza, diante de um judeu; então, gritou comigo, a plenos pulmões, que a morte do potro não foi minha culpa:

— *Es ist nicht deine Schuld!*

Agindo assim, ele transmitia sua mensagem, sem parecer estar me favorecendo.

O responsável pelos estábulos estudou o potro morto. E me chamou de judeu imbecil. Vociferou, ensandecido. Todos os meus companheiros cavalariços permaneceram ali, aguardando. Ninguém poderia voltar ao barracão até que cada cabeça fosse devidamente contada.

Por fim, bem depois da meia-noite, fomos autorizados a marchar de volta ao barracão. Seríamos despertados às quatro da manhã, como em qualquer outro dia, para marchar de volta ao trabalho.

CAPÍTULO 23

Barbarossa

Os cavalos seguem um ritual quando acasalam. O garanhão não consegue ter uma ereção quando quer; trata-se de um processo pelo qual os dois animais passam juntos, para fazer a coisa acontecer — semelhante ao namoro e às preliminares em humanos, mas numa escala maior, mais primitiva, mais violenta.

Nem sempre funciona da maneira que deveria. Os animais ficam atordoados com a presença dos humanos. Ao mesmo tempo, ficam excitados e um tanto frenéticos; então, às vezes, precisam de auxílio para que tudo dê certo. Aquele complexo de estábulos era uma espécie de linha de montagem, no fim das contas, e os alemães não queriam perder tempo com um acasalamento que não emprenhasse uma égua.

Como guardião de Barbarossa, era meu trabalho auxiliar no processo, fazendo tudo o que estivesse ao meu alcance. Aquilo constituía um grande entretenimento para os oficiais alemães, que se reuniam sempre que uma sessão de acasalamento estava agendada. Para aqueles sujeitos, era como assistir a um evento esportivo, ver um judeu magricelo, de Colônia, encurralado entre um garanhão empinando e bufando, e uma égua em pânico, dando coices.

Os cavalos não achavam nada daquilo divertido. E eu não ria de nada. Apenas tentava escapar da morte.

Barbarossa, a exemplo de qualquer outro garanhão, passava por uma sequência de ações, acariciando a égua, mordiscando seu pescoço e emitindo um ronronar, um som trêmulo e gutural, que os criadores de cavalos chamam de relincho. Ele a cheirava e bufava e, se tudo estivesse indo bem, tinha uma ereção. Uma ereção gigantesca, do tamanho de uma truta. Se estivesse disposta, a fêmea erguia as ancas, levantava a cauda e tentava ajudar no processo.

Tudo isso acontècia dentro de uma baia delimitada, para ajudar a manter a égua no lugar, caso ela mudasse de ideia no meio do processo. Portanto, eram uma égua enorme e um imenso garanhão — cerca de 1.400 quilos de equinos frenéticos e excitados, debatendo-se na palha, dentro de um cubículo de madeira tosca — e eu.

Eu conduzia Barbarossa para dentro da baia e puxava a cabeça dele em direção à égua, incentivando-o a iniciar o processo. Isso ocorria quando a égua estava no cio, o período de alguns dias em que ela está pronta para emprenhar e se mostra sexualmente interessada no garanhão. Pelo menos, era a teoria. Na prática, a égua pode ficar interessada, ou não; além disso, Barbarossa não gostava da minha presença, nem da presença de todos aqueles alemães, rindo e gritando, enquanto ele tentava se concentrar em acasalar com uma égua jovem e bela.

Também era meu trabalho guiar o membro do garanhão para dentro da égua, caso ele apresentasse dificuldade para fazê-lo sozinho. Aterrorizado, eu corria em volta do animal, manuseando aquele pênis monstruoso, tentando ajudá-lo a encontrar o ponto onde introduzi-lo. O cavalo não gostava nada daquilo. Ele me dava coices, com as patas dianteiras, me empurrava de lado, me mordia, batia com os cascos nas minhas mãos — às vezes abria talhos bem feios.

Até as caudas dos cavalos eram perigosas. Crina de cavalo é algo áspero e abrasivo — é por isso que funciona no arco de um violino, porque raspa as cordas e as faz vibrar. Então meu rosto e minhas mãos ficavam cobertos de pequenos cortes e arranhões, toda vez que eu tinha que ficar no meio dos animais.

Em Auschwitz, ter qualquer tipo de corte ou ferida podia resultar em morte; não apenas em consequência da ferida em si, ou de uma possível infecção, mas porque, quando os alemães viam um judeu ferido, costumavam mandá-lo de volta para Birkenau, diretamente para as câmaras de gás.

Os alemães realizavam inspeções constantes, visando selecionar os prisioneiros mais debilitados, mais doentes, e eliminá-los pelas chaminés.

Lembro-me de que, certa vez, durante uma sessão de acasalamento, tropecei e caí entre as patas traseiras de Barbarossa. Fiquei embaixo daquele garanhão enorme e ofegante, sendo pisoteado, enquanto fazia de tudo para não ser esmagado por aquelas patas. E, lógico, o cavalo estava enlouquecido, empinando e me dando coices, quase tão assustado quanto eu.

Seu membro gigantesco balançava feito a tromba de um elefante. Os alemães que nos cercavam acharam aquilo a coisa mais engraçada do mundo. Aplaudiam-me como se eu fosse a atração principal de um show de horrores:

— Faz de novo! — gritavam. — Faz de novo!

Capítulo 24

Na linha de fogo

Durante todos os anos que se passaram desde que estive preso em Auschwitz, há uma história sobre a qual nunca falei, uma experiência que jamais compartilhei com quem quer que fosse.

Nunca me pareceu fazer o menor sentido mencionar essa história para minha família, nem para meus amigos, tampouco nas palestras que dei, ao longo dos anos, no Museu da Tolerância de Los Angeles sobre minhas experiências no Holocausto.

Acho que foi porque era muito difícil tocar no assunto, muito difícil lembrar.

Eu pensava que, se falasse com um amigo, ou um parente, a conversa seria interrompida bruscamente. E hesitava em sobrecarregar alguém com a questão. O que a pessoa poderia fazer? O que poderia dizer? Se eu pensasse em abordar o tema durante uma palestra, tinha receio de desabar, e de não ser capaz de prosseguir. Tal perspectiva não me parecia nada agradável.

Então, trata-se de algo que guardei comigo todas essas décadas. Toda a minha vida adulta.

Os alemães em Auschwitz eram obcecados pelo temor de que alguém escapasse. A mera possibilidade de que alguém pudesse derrotar o sistema infame deles, que alguém pudesse sair de lá e contar ao mundo o que estava acontecendo, os deixava desatinados. Quando havia uma tentativa de fuga ou, pior ainda, uma fuga bem-sucedida, eles respondiam com brutal retaliação. Isso não era exclusivo de Auschwitz, nem do sistema de campos de concentração. Durante toda a guerra, os nazistas se valeram de represálias — de retaliação por meio do assassinato de pessoas inocentes — como arma, como um meio de incutir terror na população.

Qualquer ataque contra os alemães, qualquer sinal de resistência, podia resultar no massacre de dezenas, por vezes, centenas de civis. Tal como fizeram nos países ocupados por toda a Europa, os nazistas reuniam, aleatoriamente, civis inocentes e os exterminavam, sem motivo ou julgamento, muitas vezes em praças públicas, diante dos vizinhos, das esposas ou dos filhos das vítimas.

Em Auschwitz, como se pode imaginar, a brutalidade dos nazistas quase não tinha limites. No seu próprio mundo infernal, isolados do restante da civilização, eles podiam fazer o que bem quisessem. E, quando havia qualquer sinal de rebelião ou resistência, não hesitavam em se vingar.

Tentar sobreviver num mundo como aquele não era somente uma questão física; não se tratava apenas de manter o corpo funcionando. A pessoa precisava manter a mente funcionando também. Num mundo de insanidades, é quase impossível não enlouquecer. E muitos prisioneiros enlouqueceram. Quase todas as noites, ouvíamos disparos perto da cerca de arame farpado: internos desistiam de viver e buscavam a morte, com uma última corrida até as cercas elétricas. E os alemães tinham a satisfação de "ajudá-los", atirando neles das torres de vigia.

Nosso trabalho nos estábulos nos isolou de grande parte daquele horror, ao menos durante alguns meses. E o fato de sermos meninos, não homens-feitos, talvez tenha nos ajudado a superar alguns dos horrores que vimos e ouvimos, e a não perder completamente a cabeça. Mas, numa noite como outra qualquer, testemunhei o que os nazistas eram capazes de fazer.

Era uma noite de sábado. Estávamos voltando dos estábulos para o barracão, e eu marchava no final da fila de prisioneiros. Por ter precisado fazer trabalho extra com o garanhão, fui o último garoto a sair e trancar o celeiro, antes de marcharmos de volta até a sede do campo de concentração, em nossas fileiras habituais de quatro pessoas.

Enquanto cambaleávamos na escuridão, notei que algo estranho acontecia perto do portão principal.

Anteriormente, em algumas noites de sábado, quando obtivemos autorização para sair do trabalho um pouco mais cedo, fomos levados a um salão onde a orquestra do campo de concentração realizava apresentações musicais para entreter prisioneiros alemães; sendo assim, a princípio, pensei que estávamos sendo enviados para algum tipo de entretenimento inusitado.

Era grande a comoção junto ao portão. Havia ali um grupo de soldados alemães, e alguns caminhões, mais do que apenas os *Kapos* e guardas habituais. Comecei a me dar conta de que não estávamos nos dirigindo a nenhum recital. *Ah, Heinz... Cuidado. Você está indo para uma seleção*, pensei.

Enquanto marchávamos pelo portão principal, dois oficiais alemães deram um passo à frente e interceptaram a última fileira do nosso grupo. E nos empurraram, os últimos quatro cavalariços, em direção a um grupo de homens, a maioria mais velhos do que nós, que tinham sido previamente selecionados em outros barracões. Nenhuma razão foi apresentada, nenhuma explicação. Eles apenas nos tocaram em direção ao grupo de homens, como se pastoreassem ovelhas.

Passado o primeiro prédio, os alemães nos conduziram à esquerda, e, então, novamente à esquerda, passando por alguns caminhões e entrando no pátio situado entre dois barracões de três andares com seus tijolos aparentes. Um muro se erguia nos fundos. Lembro-me de que, no prédio à esquerda daquele pátio, ficava o bordel do campo de concentração, onde algumas das mulheres judias mais atraentes eram forçadas a fazer sexo com presidiários alemães privilegiados e anciões dos blocos.

Acabamos encostados no muro, esperando, no meio da noite, sem saber se iríamos viver ou morrer. Lembro que fazia muito frio. Não sabíamos o que iria acontecer. Mas sabíamos que provavelmente não seria nada bom.

Ouvimos um farfalhar de tecido, e um suspiro e um grito partiram dos prisioneiros. Olhei para cima e vi que as lonas traseiras dos caminhões estacionados na frente do pátio tinham sido subitamente levantadas.

Homens começaram a atirar, operando duas metralhadoras escondidas nas carrocerias, os canos brilhantes na escuridão, cuspindo balas contra a aglomeração de encarcerados. Contra mim.

No instante em que ouvimos os disparos das metralhadoras, nossa reação foi nos atirarmos no chão, ficar longe daquele som, nos abaixar e tentar nos esquivar das detonações e das balas.

Por termos sido o último grupo a ser selecionado, estávamos na retaguarda. Na minha frente, havia um sujeito alto, que foi atingido na primeira saraivada.

Ele caiu em cima de mim, e senti uma dor no joelho. Em seguida, fiquei embaixo de uma pilha de homens que se debatiam, arfando, agonizantes. Havia tanta gente amontoada quando o tiroteio começou que os atiradores não tinham como alvejar os indivíduos que estavam na retaguarda. Além disso, éramos pequenos, meninos, comparados aos homens adultos; portanto, os soldados que operavam as metralhadoras e miravam do alto da caçamba do caminhão não perceberam alguns de nós no meio da confusão.

O fogo das metralhadoras parou, mas havia prisioneiros feridos, gritando e gemendo, se arrastando pelo chão, tentando escapar das balas, tentando fazer qualquer coisa para sobreviver. Consegui espiar por cima do ombro do cadáver logo à minha frente, e pude ver que havia dois oficiais alemães, agora empunhando pistolas, percorrendo a pilha de homens mortos e agonizantes. Eles seguiam de um em um, disparando contra os feridos que jaziam indefesos no chão, atingindo-os na nuca.

Meus companheiros cavalariços também sobreviveram às primeiras rajadas de balas. Ficamos encurralados, num canto, ao fundo, cercados pelos mortos e moribundos, num local onde as balas não haviam chegado.

Havia uma porta não muito longe, uma porta de acesso a um prédio adjacente, localizado à beira do pátio. Eu sabia que aquela porta dava para um corredor que margeava o prédio todo. Cochichei para meus companheiros, sugerindo que corrêssemos todos juntos, para ver se conseguíamos alcançar a tal porta.

Se fôssemos um por um, eles abateriam com facilidade cada um de nós, mas se corrêssemos juntos — e, vale lembrar, éramos pequenos —, talvez tivéssemos chance.

Estávamos cercados de sangue, corpos despedaçados e morte. Era nossa única chance.

Cochichei o sinal.

— Agora!

Ficamos de pé, todos de uma só vez, e corremos em direção à porta aberta — ficava apenas alguns passos de distância. Esqueci a dor no joelho, graças à adrenalina e ao pânico do momento. Em meio ao caos, com os alemães concentrados em atirar nas pessoas que estavam na frente, atravessamos o pátio e corremos para dentro do prédio.

Continuamos correndo, percorremos toda a extensão do prédio e saímos pela porta que havia no final. Correndo de barracão em barracão, e nos esquivando dos guardas alemães quando tínhamos que atravessar espaços abertos, conseguimos voltar ao nosso bloco.

Se os alemães tivessem nos visto escapar do pátio, sabíamos, com certeza, que acabariam conosco. Nunca senti tanto medo na vida. Quando finalmente cheguei ao nosso barracão, precisei me esforçar para controlar a respiração. Percebi que, no meu terror, tinha sujado a calça — estava imundo.

Meu ferimento não era muito grave. Era mais um corte, um arranhão, do que um buraco de bala. Consegui escondê-lo do ancião do bloco e dos outros meninos. Assim que fiquei sozinho, cuidei de limpar o sangue e as fezes das minhas roupas, e consertei o furo na perna da calça, para que os alemães não o vissem e constatassem que eu era um dos prisioneiros que escaparam do massacre.

No meio de todo o caos, no meio de todos aqueles prisioneiros, consegui escapar impune. Se meu ferimento fosse um pouco mais grave, se eu não conseguisse trabalhar nos dias seguintes, os alemães teriam me descoberto.

Como tratar um ferimento à bala, quando não se tem acesso a curativos, nem médico, nem remédios? A pessoa urina no ferimento, para tentar desinfetá-lo. Se infeccionar, a pessoa o cobre com catarro. Recolhe catarro diretamente do nariz que, devido ao frio, está sempre escorrendo, e o utiliza como película protetora, uma espécie de antibiótico.

Se eu, até então, ainda não tinha experimentado absoluto pavor, é certo que experimentei naquele momento. Fiquei arrasado ao me lembrar do que tínhamos passado, ao pensar que tínhamos sido selecionados para morrer, alvejados por metralhadoras, e que, sem nenhuma razão que pudéssemos compreender, havíamos sobrevivido.

Os outros cavalariços do meu grupo que foram selecionados para ser fuzilados também conseguiram alcançar o pátio e voltar ao barracão.

Talvez os atiradores alemães hesitassem um pouco ao atirar em meninos. Ou talvez tenham errado o alvo porque éramos pequenos, e fosse difícil nos enxergar no escuro e na retaguarda do grupo de condenados.

Os alemães não realizaram uma grande busca no campo de concentração, a fim de nos encontrar, o que nos deu a chance de voltarmos ao barracão antes que alguém percebesse nossa ausência. E, obviamente, não dissemos uma palavra sequer sobre o que havia acontecido. Essa é uma das razões que me impedem de saber ao certo quem, exatamente, tinha sido o alvo. Não podíamos nos dar o luxo de falar sobre o assunto com outros internos, com os que estavam no começo da fila, naquela volta do trabalho, e que não sabiam do massacre. Não podíamos confiar em ninguém. As pessoas faziam delações, cometiam traições, mandavam conhecidos para as câmaras de gás em troca de meia fatia de pão. Às vezes alguém era asfixiado enquanto dormia, por causa de uma crosta de pão. Embora nós, judeus, estivéssemos sendo perseguidos — e muitas vezes executados — como um grupo, cada pessoa, para sobreviver naquele inferno, precisava cuidar de si mesma. Ficamos insensíveis, humilhados e desumanizados. Éramos como robôs, fazendo tudo o que podíamos para permanecer vivos. Prisioneiros que não cuidassem de si mesmos simplesmente não sobreviviam.

Um dos meninos, o que estava logo atrás de mim no pátio, foi atingido no pé. Outro foi alvejado no ombro, e outro no flanco. Mas, por um acaso incrível, nenhum de nós foi morto naquela noite.

Ficou constatado que o massacre tinha sido uma retaliação pela fuga de quatro prisioneiros gentios polacos, ocorrida naquele mesmo dia, uma fuga brilhante, que contou com ajuda externa, por parte da Resistência Polonesa, e interna, por parte de detentos do próprio campo de concentração. Para se vingar e inibir outras fugas, os alemães obrigaram os anciões do bloco a selecionar dois prisioneiros de cada barracão, de maneira que todos os prisioneiros do campo conhecessem alguém que seria executado.

Em represália aos quatro prisioneiros que escaparam, os alemães decidiram aniquilar quarenta e três prisioneiros — cerca de dez para cada fugitivo.

A ideia era instaurar o medo. Mas, aparentemente, o número de selecionados ficou aquém do desejado. Os alemães precisavam de mais alguns judeus para serem aniquilados, e nós, meninos, estávamos no lugar errado na hora errada.

Por todo o campo de concentração, o massacre ficou conhecido pelos alemães como o "Teatro de Sábado à Noite". Aquilo fazia parte do insano senso de ironia dos alemães — como se assassinar judeus fosse uma forma de entretenimento, algo entre assistir a uma partida de futebol e ir à ópera.

De tudo o que aconteceu comigo ao longo do tempo em que fui prisioneiro dos nazistas, aquilo foi o que mais me abalou. Acho que, para mim, a única maneira de conseguir continuar vivo era enterrar o evento no fundo da minha mente. Fazer de conta que não tinha acontecido. Ou que, se aconteceu, havia sido com outra pessoa.

Eu tinha certeza de que perderia a sanidade se pensasse naquilo todos os dias.

Minha vida dependia de manter aquilo em segredo. Pelos sessenta e cinco anos seguintes, foi exatamente o que fiz.

Na manhã seguinte, domingo, fomos arrebanhados, tal como em tantos outros domingos, e conduzidos até a forca do campo de concentração. Uma banda militar alemã estava ali perfilada, bem ao lado do cadafalso de madeira. Três dos prisioneiros que tentaram escapar ficaram presos entre os anéis de arame farpado das cercas, e tinham sido pegos. Foram executados na nossa frente, e a orquestra do campo tocou durante os enforcamentos, como se fosse um maldito desfile militar.

Os alemães deixaram dois deles pendurados ali durante dois dias.

Também deixaram os cadáveres dos homens abatidos à metralhadora — as vítimas do massacre do qual havíamos escapado — largados entre os dois edifícios.

Nos dias seguintes, na marcha de ida e volta para o trabalho, fomos forçados a passar pelas pilhas de cadáveres ensanguentados, metralhados, que jaziam no pátio, bem como pelos corpos dos enforcados, no portão, ainda rodopiando no ar frio.

CAPÍTULO 25

Uma surra, um tomate e um pão

Pouco tempo depois, fui designado para outra função, a de encarregado dos estábulos. Assim como no gueto de Łódź, era incumbido de entregar os relatórios diários no edifício da administração central. Visto que eu só cuidava de três cavalos, os alemães decidiram que eu dispunha de tempo para trabalho extra e, como falava alemão, provavelmente seria mais fácil, para mim, circular pelo campo de concentração: se algum alemão me interpelasse, ou quisesse saber o que eu estava fazendo, eu seria capaz de me explicar, no idioma dele, o que permitia alguma margem de manobra para minha movimentação entre os estábulos e os prédios administrativos.

No meu caminho, todos os dias, eu precisava passar por um local chamado "Kanada". Tratava-se de um pequeno depósito, próximo ao portão principal, onde os pertences dos presos que chegavam, vivos ou mortos, eram recolhidos, separados e enviados como contribuição para o esforço de guerra germânico. Ou melhor, o que restava dos pertences, depois que os alemães e, em menor escala, os internos que trabalhavam no próprio depósito Kanada furtavam tudo o que conseguissem esconder.

Eu não sabia disso na época, mas o local era conhecido como Kanada (ortografia alemã) porque, sob a perspectiva de Auschwitz, o país — Canadá — era a terra da fantasia, uma espécie de Shangri-La. Para os internos mais velhos, mais vividos, que sabiam mais sobre o mundo exterior do que eu, o Canadá parecia ser o lugar mais fabuloso do planeta: livre, limpo, seguro. E nada de nazistas.

Havia uma versão maior daquele local de triagem em Birkenau, o campo de concentração onde fiquei preso inicialmente. O depósito menor, dentro dos muros de Auschwitz I, dedicava-se, acredito, a embalar e despachar itens específicos — roupas, cabelo, sapatos, óculos, dinheiro, joias, relógios e até dentes de ouro — para a Alemanha, ou para as várias fábricas que trabalhavam em prol da guerra dentro do complexo de Auschwitz.

Ter um emprego no Kanada era o máximo que um judeu em Auschwitz poderia esperar, em termos de segurança e alimentação adequada.

A maioria das pessoas que trabalhavam ali era composta de mulheres. Todas as manhãs, por volta das dez, eu passava pelo local e avistava, através da cerca, as mesmas prisioneiras separando os pertences de cada novo carregamento de prisioneiros. Eu acenava e as cumprimentava, e conversávamos um pouco. As mulheres me perguntavam de onde eu era, e indagavam sobre qualquer família que me restasse. Lembro-me de que perguntaram o nome da minha mãe — na remota possibilidade de que ainda estivesse viva.

E, de vez em quando, enquanto conversávamos, uma das mulheres atirava por cima da cerca, para mim, um pedaço de pão mofado, ou um naco de comida encontrado nas roupas ou na bagagem de um prisioneiro recém-chegado. Era como se estivesse alimentando um pombo.

Às vezes alguma mulher deixava um pedaço de pão perto da cerca, como se tivesse caído ali. Quando ninguém estava olhando, eu me abaixava e catava o pão.

Se fosse pega, a mulher estaria seriamente encrencada. Ela havia sido selecionada para aquele trabalho "maravilhoso" e, agora, estava furtando comida para dar aos internos?

Outras vezes, as mulheres que chegavam ao acampamento eram selecionadas para trabalhar como prostitutas. Conforme já mencionei, Auschwitz tinha seu próprio bordel, localizado no prédio à esquerda de quem entrava pelo portão principal. Tais mulheres — as mais bonitas — eram separadas tão logo chegavam e submetidas a opções terríveis:

ingressar na população carcerária, onde provavelmente passariam fome e trabalhariam até a morte, ou se tornar prostituta e atender alguns dos internos mais privilegiados, geralmente guardas e cidadãos alemães presos por terem cometido algum crime. Tais detentos recebiam tíquetes como recompensa — um passe que lhes permitia passar alguns minutos com uma das prostitutas escravizadas.

Era ilegal um soldado alemão fazer sexo com uma judia, mas sabíamos que, apesar disso, alguns frequentavam o prostíbulo.

Os alemães reuniam as mulheres mais atraentes e explicavam a situação: se aceitassem a vontade deles — se fizessem sexo com soldados e detentos privilegiados —, poderiam se dar muito bem ali.

Podiam residir no bordel, viver em segurança e ser devidamente alimentadas.

Para qualquer mulher que recusasse, que protestasse, os alemães inventavam um castigo horrendo. Uma mulher que chegou a lutar foi queimada viva, segundo havíamos ouvido. Quando rejeitou os alemães, um deles abriu à força as pernas dela, jogou gasolina na vagina e acendeu um fósforo. Todos sabiam que coisas assim aconteciam — as notícias se espalhavam em um piscar de olhos pelo campo de concentração.

Os alemães chamavam a vagina de *Pflaume*, ou "ameixa", como parte de sua gíria grosseira. E esse incidente ficou conhecido como *Pflaume Feur* — "flambando a ameixa". Se uma mulher era criticada por outros internos por fazer sexo com alemães, ela costumava dizer:

— Só faço isso porque sou obrigada. Não quero ter meu ventre flambado, uma *Pflaume Feur*.

As mulheres que eram forçadas a se prostituir recebiam comida extra, no intuito de ficar saudáveis e bem-alimentadas para os clientes. Se tivessem um conhecido, ou mesmo um amante, que passasse pelo prédio que ocupavam, elas, às vezes, desciam uma cesta de comida por uma das janelas.

As que trabalhavam na versão maior do depósito Kanada, em Birkenau, eram encarregadas de tarefas menores, tais como classificar os dentes de ouro extraídos dos cadáveres, ou separar o cabelo cortado quando as pessoas chegavam — os alemães utilizavam cabelo como isolamento em submarinos, por incrível que pareça. A maior parte dos pertences dos presos era despachada de volta à Alemanha, para ajudar a abastecer a população durante o esforço de guerra. Eles usavam até mesmo corpos de pessoas exterminadas nas câmaras de gás ou de gente que morria de inanição ou doença: gordura corporal era transformada em sabão, enquanto os ossos eram triturados, visando à fabricação de suplementos de cálcio para uso em fertilizantes, conforme descobrimos mais tarde.

Como já disse, de vez em quando, graças à bondade das mulheres que trabalhavam no depósito Kanada, em Auschwitz I, eu ganhava uma crosta de pão mofado. É provável que eu tenha ingerido mais mofo ao longo da vida, mais penicilina, do que qualquer outro ser humano. Eu costumava comer aquela crosta enquanto caminhava, algumas migalhas de cada vez. Não era possível guardar, nem levar a crosta comigo até o barracão, porque, se o fizesse, teria que compartilhá-la com todos.

Lembro-me de um amigo que me perguntou se eu poderia conseguir um pouco de comida para ele no Kanada. Fiz o que pude, e compartilhei um pouco de pão com ele, em segredo, sempre que possível. O nome dele era Josh — nós o chamávamos de Joshy, porque ele era apenas uma criança, como eu.

Não faço ideia do que aconteceu com ele. Se sobreviveu ou morreu.

Certa vez, tentei esconder um pedaço de pão na área externa do barracão, porque não consegui comer o pedaço inteiro no primeiro dia. Visto que eu passava fome havia tanto tempo, meu sistema digestivo só era capaz de consumir pequenas porções de uma só vez. No dia seguinte, voltei para pegar o pedaço de pão que tinha escondido perto de uma árvore. Havia um guarda nazista ali, caminhando com seu pastor-alemão. E o cachorro levantou a perna e urinou na árvore. Bem no local onde eu havia enterrado meu pão.

Tentei lavá-lo, mas não consegui remover a urina. Fiquei arrasado. Quando não se tem nada, a coisa mais diminuta é um tesouro. Por aquele pedaço de pão eu teria feito quase qualquer coisa. Mas acabei por perdê-lo.

Eu também precisava passar, diariamente, pela padaria do campo de concentração. O cheiro de pão assado era angustiante e irresistível. Eu ansiava pelo momento de passar por ali — era algo que, pelo menos, cheirava à comida, à vida, ao modo como as coisas eram, antes de Łódź e Auschwitz. Por um instante, eu visualizava a mim e aos meus pais, sem preocupações, comprando doces, num domingo qualquer em Colônia.

Era uma deliciosa tortura sentir aquele cheiro de farinha e fermento assando no calor, entrando pelas minhas narinas, permeando meu cérebro, enchendo de água minha boca — e não poder tocar em nada, devorar nada.

Todos os dias, detentos alemães privilegiados transportavam o pão, da área de carregamento até os caminhões, para distribuição por todo o campo. Então, para aumentar minha infelicidade, eu testemunhava os pães sendo retirados, empilhados e carregados nos veículos. Certo dia, enquanto eu passava, tentando não olhar para aqueles pães maravilhosos, um caiu da área de carregamento e foi parar no chão. Eu me enchi de esperança, logo perdida quando o interno que tinha deixado o pão cair desceu os degraus, pegou-o e colocou-o de volta no caminhão. Nas semanas seguintes, a mesma coisa aconteceu três vezes. Comecei a me perguntar por que o pão sempre caía quando eu passava, por volta das dez da manhã.

Concluí que talvez alguém na padaria estivesse deixando o pão cair de propósito. Na vez seguinte que passei por lá, percebi um sujeito, provavelmente um cidadão germânico, um interno gentio, olhando ao redor, com a mão pronta para derrubar o pão já embarcado no caminhão. Tão logo constatou que a barra estava limpa, ele deu um leve empurrão, e o pão caiu.

O risco era imenso. Se eu fosse pego furtando um pão, provavelmente morreria. Mas a fome leva uma pessoa a fazer quase qualquer coisa.

Criei coragem para me aproximar, pegar o pão e me afastar, como se nada houvesse acontecido.

Consegui dar cerca de cinco passos, antes que o pandemônio se instaurasse. O homem encarregado da padaria, um militar da SS trajando uniforme preto, começou a berrar, ordenando aos subordinados que me detivessem por furto. Antes que eu pudesse sequer sentir o cheiro do pão, eles já estavam me arrastando para dentro da padaria.

O oficial alemão gritou comigo e me golpeou com seu bastonete. Ele usava um uniforme impecável, calçava botas, indumentária completa. No campo de concentração, ele era um suposto mandachuva — um militar meio fracassado que se via na condição de gestor daquela padaria sofrível.

Implorei, gritando em alemão:

— Por favor, por favor, não me bata!

Disse a ele que me arrependia do que tinha feito. Que jamais faria aquilo de novo. Uma torrente desesperada saiu da minha boca, em alemão — falei tudo o que me veio à mente, em pânico total, para convencê-lo a me deixar em paz, a me deixar viver.

Ele parou de gritar.

— Você fala alemão — disse ele. — Por quê? Você fala muito bem.

— Eu sou alemão — respondi. — Judeu-alemão.

Ele ficou visivelmente surpreso que um adolescente alemão, mesmo sendo judeu, estivesse ali, em Auschwitz, onde quase todos os demais prisioneiros eram poloneses adultos. Contei-lhe minha história, que tinha sido enviado de Łódź para Auschwitz.

Em seguida, ele perguntou de onde eu era.

— Sou de Colônia — revelei.

Ele voltou a erguer o bastonete. Eu recuei, erguendo um dos braços, esperando levar outro golpe na cabeça. Mas ele bateu na própria bota.

— Ora! Eu também sou de lá — disse ele, surpreso.

Ele me repreendeu um pouco mais, como se aquilo fosse seu dever — como se achasse que alguém poderia estar observando.

— Como pode fazer uma coisa tão terrível... furtar do Reich? Não sabe o que pode acontecer com você?

Fiquei em estado de choque, trêmulo, e os pensamentos rodavam na minha mente: *Será que ele vai me entregar, me mandar para a forca? Ou será que esse grandalhão da SS, com essa cara de mau, esse quepe alto, essas botas de cano alto e couro preto, vai poupar a minha vida?*

Ele pareceu chegar a uma conclusão.

— Você recebeu seu castigo, sr. Heinz Oster, de Colônia. Vou liberá-lo. Então saia já daqui, e que eu nunca mais o pegue fazendo algo assim, ou será a última coisa que terá feito na vida.

Ele me pegou como se eu fosse um espantalho, me empurrou até a porta e me chutou, em direção ao pátio, com sua bota grande, me fazendo rolar da plataforma de concreto e cair no solo úmido.

121

Senti uma dor na cabeça. Pensei que ele tinha me batido de novo, no momento em que saí pela porta.

Então percebi que havia um pão ao meu lado — ele havia atirado um pão em mim.

Levei uma das mãos à cabeça, e minha mão ficou vermelha e molhada. Achei que estivesse sangrando. Mas logo percebi que o oficial também havia jogado um tomate, grande e maduro, que eu tinha visto em cima da mesa dele. Depois, deu meia-volta, ainda na porta, e entrou, me deixando no chão, com um pão e um tomate.

Aquilo foi como ganhar na loteria. Não, foi *melhor* que isso.

Comi o tomate e escondi o pão, para poder voltar ao esconderijo, todos os dias, e comer um pouquinho mais, para que o pão durasse. Até dividi um pouco com um amigo, nós dois mordiscando pedacinhos de pão ao longo de mais ou menos dez dias, migalha por migalha. Em todo o meu tempo em Auschwitz, aquela foi uma das poucas atitudes humanas que um alemão teve para comigo. Uma surra, um tomate e um pão.

Capítulo 26

O corredor da morte e o nazista que tinha um olho só

Meu trabalho como encarregado dos estábulos me propiciava alguma liberdade para encontrar comida, mas, às vezes, também me levava a situações por demais assustadoras. Em Auschwitz, a pessoa podia se iludir, pensando que estava relativamente segura em dado momento, e no momento seguinte estava morta. Então eu jamais sabia com o que poderia me deparar.

A cada vinte dias, mais ou menos, tomávamos uma ducha, num barracão especial que ficava ao lado das latrinas. Após o trabalho, muito depois de escurecer, nós, cavalariços, éramos levados e ordenados a nos despir. Os nazistas procuravam constantemente sinais de fraqueza. Sempre havia gente ingressando em Auschwitz. Por questão de espaço, as pessoas que já estavam lá tinham que morrer. Ali era o fim da linha. Quem estivesse ferido, doente ou mais famélico do que os demais era selecionado para a morte.

Os abutres da SS aproveitavam aquelas chuveiradas ocasionais para inspecionar os prisioneiros. Ficávamos despidos e alinhados; então era uma oportunidade perfeita para eles verificarem nossos corpos franzinos, a fim de constatar se tínhamos algum ferimento ou sinal de doença, e determinar se aguentaríamos mais algumas semanas de trabalho escravo.

Ou se estávamos esgotados, com nosso prazo de validade expirado, e não valia a pena sermos alimentados por mais um dia.

Todos havíamos ouvido boatos que corriam pelo campo de concentração acerca do significado daquelas seleções. Quem tivesse a ducha confirmada estava salvo. Quem não tivesse, bem, azar do indivíduo. Os detentos "reprovados" eram retirados da fila do chuveiro, forçados a vestir as roupas novamente e mantidos separados no barracão.

Pela manhã, aqueles pobres judeus impedidos de se banhar eram transportados de caminhão para as câmaras de gás de Birkenau.

Por alguma razão, nós, cavalariços, escapávamos da seleção. Talvez existisse alguma ordem, expedida por algum nazista anônimo, para que não fôssemos escolhidos e exterminados. De fato, nunca soubemos por que, mas nosso grupo de 131 meninos sempre seguia diretamente para os chuveiros.

Aquilo foi uma sorte para nós, mas a experiência era de cortar o coração. Não podíamos evitar passar pelo grupo de homens retirados da fila antes da nossa chegada. Eram mantidos sob vigilância, a noite inteira, para impedir que encontrassem um esconderijo, ou escapassem para alguma outra área do campo de concentração e informassem aos demais internos sobre aquela situação. Depois que os isolavam, os nazistas jamais os deixavam fugir.

Visto que costumávamos voltar ao barracão mais tarde do que os demais, éramos obrigados a passar por quase todos os prisioneiros selecionados para morrer na manhã seguinte. Imagine olhar para o semblante de um homem — alguém que não fez nada de errado — que acaba de saber que aquela será sua última noite vivo. Então, multiplique isso por cem ou mais — era a sensação que tínhamos quando, completamente nus e a caminho do chuveiro, passávamos por aqueles judeus condenados e desesperados, já separados para morrer.

Alguns pareciam resignados. Alguns pareciam revoltados. Alguns — a maioria — apenas nos encaravam, em estado de choque e apavorados.

Jamais esquecerei seus rostos.

Eu ficava surpreso toda vez que nós, cavalariços, saíamos vivos daquele maldito prédio dos chuveiros. Sentia uma onda avassaladora de emoções: alívio e, ao mesmo tempo, culpa por sobreviver. Enquanto cambaleávamos em direção ao nosso barracão, em plena noite, encharcados e enregelados, eu ouvia os gritos e lamentos dos homens às nossas costas.

Eu sabia que tínhamos tido sorte, muita sorte, mais uma vez. Contudo, em Auschwitz, conforme todos sabíamos, a sorte podia acabar num piscar de olhos. E, certa manhã, quase acabou mesmo.

Meu trabalho exigia que eu fosse até o portão principal do campo, todas as manhãs, levando comigo os relatórios diários. Se tivéssemos tomado uma ducha na noite anterior, quando eu chegava no portão, por volta das nove ou dez da manhã, os condenados, normalmente, já haviam desaparecido, e nunca mais se ouviria falar deles.

Daquela vez, tinha ocorrido um atraso: uma engrenagem quebrada na máquina da morte. Caminhões de carroceria alta, cobertos de lona, estavam estacionados em duas fileiras ao longo da estrada, cinco à esquerda e três à direita, lá fora. Os caminhões estavam lotados com aqueles mesmos homens desesperados pelos quais eu havia passado na noite anterior.

Os pelos da minha nuca se arrepiaram e eu suei frio. Aquele era um lugar por demais perigoso para um judeu sozinho. Se um guarda da SS me avistasse no meio daquele caos, poderia supor que eu fosse um dos condenados tentando escapar e me forçar a embarcar em um dos caminhões. Ou simplesmente erguer sua Mauser e disparar contra mim.

O único detalhe que me distinguia dos prisioneiros embarcados nos caminhões era o maço de relatórios das atividades do estábulo nas minhas mãos trêmulas. Se um guarda me desafiasse, talvez eu pudesse usar os relatórios para provar que estava ali em missão legítima, e que não era um dos selecionados. Caso ele se desse o trabalho de perguntar, lógico: os brutamontes da SS sabiam que jamais seriam criticados por atirar num judeu, mas, se deixassem um judeu escapar, ou se safar de alguma situação, eles mesmos acabariam em apuros também.

Respirei fundo e me forcei a caminhar pelo meio da estrada, olhando para a frente, segurando os relatórios como se fossem um escudo, como se os caminhões e os homens, em ambos os lados, não existissem. Tentei fingir que nada estava acontecendo, mas podia ouvir os homens me chamando. Eles gritavam seus nomes e suas cidades natais, para que suas vidas e mortes fossem lembradas. Suplicavam-me para relatar às famílias o que estava para acontecer com eles, como se já estivessem mortos. Como se eu pudesse me lembrar de todos eles. Como se eu pudesse fazer algo para ajudá-los.

Eu não podia me dar o luxo de parar, nem de dirigir uma palavra sequer àquelas pobres almas. Se queria sobreviver, tinha que ignorar aqueles homens. Tentei parecer importante, o que não era fácil para um judeu de quinze anos, em Auschwitz.

Quando cheguei à porta do prédio da administração, ofegante, senti como se tivesse escapado do meu próprio funeral.

Conforme fazia todos os dias úteis, entreguei os relatórios ao mesmo oficial da SS. Ele tinha me contado que havia sido ferido na frente russa, mas que, em vez de ser mandado para se recuperar em casa, tinha ficado na SS, destacado para aquele inferno. O sujeito tinha apenas um olho, pois seu rosto havia sido destruído por estilhaços russos; a pele era avermelhada e flácida, como carne recém-saída do moedor.

O rosto era medonho, mas, por baixo de tudo aquilo, ele demonstrava sinais de ser um homem decente. Havíamos conversado um pouco nas semanas anteriores, como parte de nossa rotina diária, e ele tinha me dito que, embora nada pudesse fazer — era, afinal, um oficial da SS —, se opunha ao extermínio em massa que ocorria naquele campo de concentração.

Os caminhões ainda estavam lá fora, e, mesmo no interior do prédio, eu podia ouvir o lamento dos homens. Tentei me demorar ali dentro o máximo possível. Eu não tinha a menor intenção de sair daquele prédio antes de ser obrigado a fazê-lo — e tinha esperança de que os caminhões seguissem logo seu caminho, naquela jornada sinistra; só então eu estaria a salvo de ser forçado a embarcar em um deles. Eu sabia que o maço de relatórios tinha me salvado na chegada, porque os papéis me atribuíam um ar de autoridade, mas, se eu voltasse sem eles, ao passar por aquele corredor da morte com certeza pareceria que tentava escapar. Exatamente o que qualquer fugitivo faria.

O oficial mutilado percebeu que eu estava demorando mais do que o habitual.

— Vá embora — grunhiu.

Apontei para a cena, com toda aquela gente, perto do portão.

— Como vou saber que os guardas não vão atirar em mim, quando eu passar? — perguntei, a voz trêmula.

Ele espiou pela janela, com seu único olho.

— Entendi.

Então, levantou-se e caminhou em direção à porta.

— Não precisa se preocupar — disse ele. — Eu vou sair com você.

Devemos ter formado uma dupla estranha, cruzando o portão de ferro e subindo aquela estrada com ares de cemitério: um adolescente judeu, pálido feito um fantasma, e um oficial da SS, mutilado. Ele me escoltou até passarmos pelos caminhões; depois, voltou enquanto eu seguia pela estrada.

Fiquei com tanto medo que fiz xixi na calça. Quando voltei aos estábulos, precisei pendurar a peça para secar.

Capítulo 27

Algo está acontecendo aqui

No inverno de 1944, no final de novembro, as coisas começaram a mudar. Os alemães afastaram-nos — os cavalariços — da sede de Auschwitz, dos cavalos, e nos transferiram para um novo subcampo de concentração chamado Pławy, situado algumas centenas de metros a oeste. Jamais descobri com que propósito Pławy foi projetado, ou quem deveria ser mantido ali. Para nós, serviu apenas como um campo de espera, mais um local onde os alemães nos mantiveram enquanto decidiam nosso destino.

Num domingo, depois do trabalho, em vez de voltarmos à sede do campo de concentração, fomos levados àquele novo e estranho local. Era impecável e limpo, diferente de tudo o que havíamos visto em Auschwitz. Mas algo parecia estar errado. Tínhamos nos habituado à rotina do nosso trabalho nos estábulos e no campo. Aquilo era a nossa casa. Agora, a exemplo de tudo mais, tinha desaparecido.

De repente, não tínhamos nada para fazer. Havia algo no ar — os alemães não estavam mais agindo com a arrogância de sempre, nem com a mesma atitude autoritária. Predominava uma atmosfera de receio, de incerteza.

Não fazíamos ideia do que estava acontecendo no mundo lá fora. Não fazíamos ideia de como prosseguia a guerra, se os alemães estavam vencendo ou perdendo. Mais tarde, porém, descobrimos que o que deixava os alemães tão assustados era o Exército Vermelho russo, que vinha do leste, rugindo, engolindo a Polônia e dirigindo-se diretamente para Auschwitz. Agora os super-homens nazistas estavam prestes a ser caçados, derrotados, provavelmente mortos ou capturados e escravizados.

Os alemães haviam tratado o povo russo de forma horrível. Tinham destruído a maior parte da Rússia Ocidental, exterminado judeus-russos, estuprado mulheres e torturado crianças russas. Tinham tratado os prisioneiros de guerra russos quase tão mal quanto trataram os judeus. Milhões de russos passaram fome e foram mortos pelos alemães. E agora os russos estavam chegando, mais fortes a cada dia, focados na vingança.

Sabemos atualmente, graças aos escritos e aos registros dos próprios nazistas, que havia uma tentativa de apagar Auschwitz — de eliminar as evidências e os registros, de tentar enterrar a verdade das atrocidades ali cometidas e escapar da responsabilidade pela existência do maior local de extermínio em massa na história da humanidade. No final, tentaram até mesmo explodir os crematórios e as câmaras de gás de Birkenau, a fim de esconder os horrores por eles ali perpetrados.

Ficamos cerca de quatro ou cinco semanas naquele novo campo. Não tínhamos trabalho nem cavalos para cuidar, nada com que nos ocupar. Tudo o que podíamos fazer era esperar e especular, entre nós, sobre o destino que os alemães nos reservavam.

E, considerando o que havíamos passado até aquele momento, nosso futuro não parecia muito duradouro — tampouco promissor.

O que nos deixava ainda mais ansiosos e amedrontados. Quando trabalhávamos, podíamos parar de pensar em nossa situação por um tempo, absortos em nossas tarefas, tentando nos manter um ou dois passos à frente dos guardas. Agora, não tínhamos outra coisa a fazer senão pensar.

Quando eu deixava minha mente vagar, pensava na minha mãe, no meu pai, nos meus poucos amigos em Łódź e em Auschwitz, cujos corpos haviam virado fumaça, expelidos pelas chaminés dos crematórios.

Embora não trabalhássemos, ainda recebíamos nossa ração diária. Portanto, a maioria de nós estava, pelo menos, preservando a saúde. E logo chegou janeiro, na Polônia, e um dos invernos mais frios já registrados; então foi uma felicidade podermos ficar dentro do alojamento a maior parte do tempo e nos manter aquecidos.

Mas sabíamos, com base nos nossos anos de amarga experiência, que os alemães sempre tinham algo planejado para nós — algo que era sempre pior do que aquilo que havíamos suportado até então.

Capítulo 28

A marcha

Um dia, no final de janeiro — 23 de janeiro de 1945, para ser exato —, fomos agrupados na *Appellplatz* de Pławy. A SS nos disse que teríamos que caminhar até outro campo de concentração, situado no oeste. Juntamos nossos escassos pertences — no meu caso, apenas as roupas que eu tinha no corpo e uma caneca, esta ainda pendurada por um barbante sujo em volta do meu pescoço. Alguns prisioneiros conseguiram levar consigo um cobertor velho, enrolado no corpo, ou mesmo um colchão fino, no ombro, tirados do barracão que estávamos deixando para trás. A SS nos juntou a um grupo mais numeroso, contendo cerca de mil pessoas.

Começamos a caminhar no frio cortante do inverno polonês, sem comida ou água. Marchamos por uma via pavimentada, coberta de neve, gelo e lama, com terras cultivadas de um lado e florestas do outro. À nossa frente se estendia a estrada sem fim, desaparecendo no horizonte.

As regras da marcha eram simples. Quem acompanhasse o grupo talvez sobrevivesse. Quem recuasse mais de dez metros seria alvejado na cabeça pelos guardas.

Os nazistas utilizavam aquelas marchas da morte como um meio eficiente de deslocar muitas pessoas com celeridade e baixo custo. E de aniquilar muita gente sem a necessidade de incinerar ou enterrar os corpos. Se vinte, trinta ou quarenta por cento dos prisioneiros retirados de

Auschwitz morressem durante a marcha, tanto melhor. Era menos gente para vigiar, menos animais para abrigar, menos bocas para alimentar.

O leito da estrada ficava elevado em relação ao nível da floresta, e havia valetas laterais, projetadas para manter a pavimentação seca, em caso de chuva ou de neve derretida. Mas aquelas valetas logo se tornaram covas coletivas para os mortos, à medida que milhares de prisioneiros, grupo após grupo, seguiam em marcha.

Ao longo do caminho, avistávamos os cadáveres dos que por ali haviam passado antes. Corpos alquebrados, ensanguentados, caídos e congelados nas valetas. Alguns ainda tinham os olhos abertos, fitando eternamente o céu polonês. Os defuntos pelos quais passávamos, vítimas de marchas anteriores — homens, mulheres e até crianças —, eram ali abandonados para congelar e, mais tarde, se decompor. Se um corpo tombasse nas redondezas de alguma aldeia, raciocinavam os nazistas, lavradores e aldeões poloneses se encarregariam do trabalho de enterrá-lo. Se muita gente fosse fuzilada num mesmo local, os nazistas eram obrigados a se desfazer dos corpos. Mas se os mortos jazessem espalhados ao longo da estrada, onde tivessem sido assassinados, fossem um, dois ou três, podiam ser ignorados pelos alemães, que seguiam adiante, abandonando os cadáveres para alguém cuidar.

Eu tentava não olhar. Procurava sempre manter os olhos voltados para a frente e para baixo, no intuito de não atrair a atenção dos nazistas. Mas os corpos estavam por toda parte, como se tivessem sido ali jogados por mãos gigantescas e descuidadas.

Assim como todos os demais participantes daquela marcha macabra, eu cambaleava adiante, movendo-me o mais lentamente possível, para economizar energia, mas cuidando para manter o mesmo ritmo das pessoas à frente. E jamais parar, nem diminuir a velocidade, nem chamar a atenção de modo algum.

As pessoas que ficavam demasiado cansadas, doentes ou famintas, e mal conseguiam prosseguir, recuavam e marchavam na retaguarda. Não havia nada que eu pudesse fazer para ajudá-las. Algumas tropeçavam, caíam e tentavam se levantar, em pânico, querendo acompanhar a marcha, antes que uma bala fosse disparada. Alguns indivíduos caminhavam cada vez mais devagar, ficando mais para trás na formação. E alguns, vencidos pelo cansaço, pelo frio, pela dor nos pés e pela desesperança total diante daquela provação, simplesmente desistiam e paravam.

Os guardas alemães seguiam a marcha num Kübelwagen, um Volkswagen semelhante a um jipe, e esperavam pela próxima vítima. Se algum prisioneiro parasse para acudir um companheiro vacilante, mesmo que por alguns segundos, era fuzilado também. O crime era ser pego dez metros atrás do grupo. O castigo era a morte, rápida e certa.

A fim de evitar a necessidade de arrastar os corpos até as valetas, e talvez sujar as mãos com sangue judeu contaminado, os alemães primeiro levavam forçosamente as vítimas exaustas até o acostamento da estrada. Algumas suplicavam por suas vidas. Algumas gemiam:

— Não, não, não.

Algumas clamavam a Deus, como se acreditassem que ainda existisse um Deus capaz de ouvi-las. Algumas gritavam. Algumas apenas esperavam, de olhos fechados, pelo momento que acabaria com seu sofrimento.

Os alemães despachavam um por um, com bala de rifle, ou tiro de pistola, na nuca raspada. E ali desabava mais um cadáver. Um respingo vermelho e brilhante na neve, que logo ficava marrom.

Eu sentia como se estivesse preso num pesadelo, aos gritos e me debatendo, um pesadelo do qual jamais poderia despertar. Ao longo do dia, eu via uma sequência de integrantes do nosso grupo dar sinais de fraqueza. Alguns prisioneiros mais fortes, às vezes, tentavam prestar socorro, amparando seu camarada mais fraco por tempo suficiente para permitir que recuperasse a energia, ou apenas a vontade de viver.

Mas, quando um indivíduo começava a perder as forças, geralmente não havia mesmo como salvá-lo. Nenhum de nós podia correr o risco de ficar para trás, acompanhando um retardatário condenado, azarado. Isso significaria, simplesmente, a morte de dois judeus, em vez de apenas um.

Quando um prisioneiro saía das fileiras, era questão de minutos até que eu ouvisse o estampido de um disparo atrás de nós, ecoando pelos pinheiros e abetos. Cada vez que eu ouvia um tiro, baixava mais a cabeça e tentava caminhar um pouco mais depressa.

A estrada margeava aldeias agrícolas, no interior da Polônia. Os aldeões nos encaravam, entorpecidos diante da cena por eles testemunhada, dia após dia, enquanto os intermináveis fluxos de prisioneiros abatidos e imundos, vindos de Auschwitz, se arrastavam por ali. Era como se os aldeões estivessem vendo gado sendo transportado para o matadouro.

Enquanto caminhava, tropecei numa latinha cinzenta, meio enterrada na lama congelada. Era uma lata de carne de cavalo, que algum soldado alemão descuidado tinha deixado cair. Abaixei-me, peguei a lata e escondi no paletó. Olhei em volta, como se fosse um ladrão, para verificar se algum guarda, ou outro prisioneiro, havia visto.

Mal pude acreditar na minha sorte. A lata era minha.

Carreguei a lata feito uma pepita de ouro durante todo aquele dia, tentando imaginar um jeito de abri-la. Eu não tinha faca, nem abridor de latas. Mas o fato de pensar no assunto e sentir o toque da lata na mão, escondida na roupa, já me dava forças para prosseguir. Quando estava prestes a tropeçar, a desacelerar, a cair de joelhos, eu pensava que, se pudesse de alguma forma abrir a latinha — à noite, quando certamente pararíamos —, talvez conseguisse avançar mais alguns quilômetros. Talvez, avançasse mais um dia.

Pernoitamos num enorme celeiro, com meus amigos cavalariços e eu nos amontoando para nos manter aquecidos. Os nazistas não nos alimentaram. Nem pão. Nem sopa. Fiquei agarrado à minha lata de carne como uma pessoa em situação de rua faria com seu último tostão, incapaz de abri-la e incapaz de jogá-la fora.

134

Capítulo 29

Sob ataque

Acordei para mais um dia sombrio e cinzento, típico do inverno polonês. Os alemães berravam, nos cutucavam e nos empurravam de volta à formação, e a marcha insana foi retomada. Tínhamos iniciado com aproximadamente mil prisioneiros. Agora havia cerca de oitocentos ou novecentos de nós ainda vivos. Meus pés estavam congelados e dilacerados, por conta da caminhada por lama, gelo e neve.

Ao entardecer, finalmente conseguimos nos arrastar até o entroncamento de uma ferrovia. Os alemães nos forçaram a embarcar em vagões de carga, abertos, apinhados a plena capacidade com corpos alquebrados.

O trem tinha quatro vagões, e cerca de 200 ou 250 pessoas foram amontoadas em cada um. Agora não sentíamos tanto frio e a aglomeração, pelo menos, nos dava uma leve sensação de segurança. Era agonizante ficar horas sem me mexer, com todos aqueles corpos fedorentos quase me tirando o fôlego. Mas eu ainda tinha pulsação. Ainda estava vivo, ao contrário de tanta gente deixada para trás, ao longo da estrada. E ainda guardava minha preciosa lata de carne de cavalo no paletó, o que me propiciava um lampejo de esperança.

Cada um dos vagões abertos tinha um guarda alemão postado acima da parte traseira, com uma metralhadora apontada para nós. Nada podíamos fazer para nos rebelar ou tentar escapar, mas os nazistas não iriam correr nenhum risco.

O trem avançava e chacoalhava, em um clangor contínuo. Corria um rumor pelo vagão de que rumávamos para o oeste. Um dos prisioneiros disse que sabia disso por conta do posicionamento do sol, que estava baixo, no lado esquerdo do vagão. Porém, para nós, aquilo não fazia sentido. Os alemães nos expulsaram da Alemanha e tentaram nos matar, para que jamais pudéssemos voltar. Por que, então, depois de tudo, haveriam de nos mandar de volta para a Alemanha?

Lógico que não sabíamos do Exército Vermelho suplantando a Wehrmacht, no leste, nem da precária situação dos alemães na guerra naquele momento. Não sabíamos que, apenas dez dias depois da nossa partida, o campo de concentração de Auschwitz tinha sido tomado pelos russos, e que alguns milhares dos prisioneiros mais debilitados e doentes, aqueles que haviam sido considerados fracos demais para marchar até o oeste, foram, então, libertados. Aquela gente seria fuzilada pelos guardas de Auschwitz, antes da chegada dos russos, para não revelar os horrores das câmaras de gás, dos crematórios e do milhão, ou mais, de judeus que ali morreram.

Em meio ao caos da retirada alemã, os últimos detentos tinham, de alguma forma, sobrevivido: os guardas nazistas estavam por demais ocupados, tentando salvar a própria pele, para se preocupar em matar os últimos judeus doentes e esfomeados. E agora aqueles judeus estavam sendo alimentados e vestidos, com sua saúde entregue aos cuidados dos russos.

Não tivemos a mesma sorte. Não passávamos de sardinhas em lata, avançando lentamente para o oeste, sem ter a menor ideia do que nos aguardava.

Naquela noite, o trem parou no entroncamento de outro campo de concentração, Gross-Rosen, próximo à fronteira entre a Alemanha e o que agora é a Polônia. Na confusão da retirada alemã, estávamos sendo enviados para Gross-Rosen, na suposição de que seríamos desembarcados e detidos ali. Mas o comandante de Gross-Rosen se recusou a nos aceitar. O campo já estava superlotado, protestou ele. Então ficou decidido, conforme soubemos mais tarde, que seríamos mantidos nos vagões e enviados ainda mais para o oeste, na manhã seguinte.

Para mim, seria uma perversa volta ao lar. Depois de passar três anos preso na Polônia — no gueto de Łódź e em Auschwitz —, eu estava sendo devolvido à Alemanha.

Não tenho certeza de quanto tempo fiquei a bordo do trem. Estava exausto e entorpecido, e quase inconsciente, devido à fome e à sede. Eu cochilava e acordava, balançando a cabeça com o sacolejo dos vagões e ouvindo o barulho das rodas nos trilhos.

Acordei e ouvi um rugido estranho e uma vibração vindos do céu. Os guardas alemães posicionados acima do nosso vagão ficaram bastante nervosos, e começaram a disparar suas metralhadoras para o alto, rodopiando enquanto atiravam. Cartuchos quentes, de latão, eram cuspidos das armas, caindo na cabeça dos prisioneiros abaixo.

Esforcei-me para ver o que estava acontecendo, mas não consegui entender muito bem, por conta das laterais dos vagões, as quais se elevavam acima da minha cabeça. Dois aviões monomotores, muito barulhentos e muito velozes, circulavam acima de nós, aparentemente se preparando para atacar. Eu não fazia ideia de quem seriam aqueles aviões, nem de onde teriam partido. Eu tinha visto aeronaves alemãs, estampadas com a cruz e a suástica, mas aqueles aviões pintados de verde-oliva exibiam grandes insígnias redondas, em vermelho e branco, nas asas e fuselagens. Hoje, sei que eram caças-bombardeiros britânicos, provavelmente Hawker Typhoons.

Ao longo de todo o período da guerra, desde que havíamos saído de Colônia, aquela foi a primeira vez que avistei aviões britânicos ou estadunidenses. Foi a primeira indicação que tive de que os Aliados tinham invadido a Europa e talvez estivessem vencendo a guerra, de que haviam obtido domínio suficiente sobre os céus da Alemanha para, quem sabe, alimentarmos alguma esperança de sermos libertados.

Mas, antes que isso acontecesse, aqueles mesmos aviões tentariam nos matar. Visto do ar, tenho certeza de que nosso trem se parecia com todos os demais trens que transportavam tropas alemãs. Os pilotos britânicos não tinham como saber que havia centenas de prisioneiros inocentes amontoados nos vagões abertos. Mas certamente viam os soldados alemães, a postos em cima de cada vagão, disparando suas metralhadoras, tentando derrubá-los.

Os aviões nos sobrevoaram e desapareceram no horizonte. Voltaram em formação de ataque, metralhando o trem, de frente, com seus canhões de 20mm. Centenas de balas foram disparadas, destroçando os vagões e as pessoas no interior.

Eu tinha sido um dos primeiros prisioneiros amontoados no meu vagão. Portanto, fui empurrado para um canto, à frente e à direita, onde fiquei relativamente protegido pela parede frontal do carro.

Os prisioneiros que viajavam na parte traseira não tiveram tanta sorte.

Um projétil disparado por um canhão de 20mm é, aproximadamente, do tamanho do polegar de uma pessoa, e viaja duas vezes a velocidade do som. Os projéteis explodiam, estraçalhando as vítimas. E como estávamos tão próximos uns dos outros, um projétil era capaz de matar muitos prisioneiros. Um menino estava bem ali e, um segundo depois, desaparecia numa explosão de sangue, ossos, pele e carne. Tudo acontecia a poucos metros de mim.

O soldado alemão que portava a metralhadora, empoleirado na parede dos fundos do vagão em que eu viajava, foi morto por uma rajada de balas. Ele tombou sobre a metralhadora, como se fosse um boneco de pano descartado; o capacete rolou sobre os prisioneiros, sangue jorrando da cabeça.

Os caças prosseguiram, atacando pela dianteira, tentando explodir a caldeira da locomotiva e paralisar o trem para, então, acabar conosco. Os pilotos Aliados achavam que estavam atacando um trem lotado de tropas alemãs armadas que iriam atirar contra eles e seus camaradas britânicos e estadunidenses durante o restante da guerra.

É possível que os aviões estivessem ficando sem combustível, ou munição, porque num minuto estavam vindo em nossa direção e, no seguinte, o barulho tinha parado e o trem seguia livre.

A carnificina na parte de trás do nosso vagão foi pavorosa. Parecia que uma bomba tinha explodido dentro de um açougue. Dezenas de prisioneiros haviam sido mortos, e outras dezenas gemiam e urravam, agonizando em consequência de ferimentos graves ou hemorragias fatais.

O trem seguiu adiante, com sangue escorrendo dos vagões sobre os trilhos. Caso o trem tivesse parado, ou ficado impossibilitado de prosseguir, talvez fôssemos todos dizimados pelos aviões.

Estava fora de questão a possibilidade de que os alemães nos prestassem qualquer socorro ou assistência médica. Ou fornecessem comida e água. Ou mesmo demonstrassem a decência de remover os mortos, o sangue e as partes dos corpos que jaziam dentro dos vagões. O trem, macabro e danificado, apenas seguiu em frente, dia e noite, com os vivos, os mortos e os moribundos ainda apinhados.

Tentei dormir, encolhido no piso ensanguentado daquele vagão sacolejante. Minha lata de carne de cavalo havia desaparecido, perdida no caos. Fechei os olhos e procurei manter os braços sobre as orelhas — qualquer coisa que abafasse os gritos e o horror, que impedisse aquilo de alcançar meu cérebro, a consciência que outrora pertencia a um garoto inocente, nascido em Colônia, chamado Heinz Oster.

CAPÍTULO 30

Buchenwald

O guincho das rodas do trem nos trilhos de ferro me acordou. Eu tinha ficado encolhido na mesma posição havia horas, e duvidava de que conseguiria voltar a uma postura ereta.

Os guardas alemães que estavam do lado de fora abriram as portas enferrujadas, e os sobreviventes da viagem começaram a rolar do vagão, alguns caindo de pé, outros simplesmente tombando sobre o cascalho cinzento que cobria o solo naquele entroncamento ferroviário. Quando uma lufada de ar fresco chegou até o canto onde eu estava, meio rastejei, meio rolei em direção à porta, pelo piso de madeira coberto de sangue, urina e vômito.

Pensando em amortecer a queda, tentei pendurar as pernas na lateral onde a porta tinha sido aberta, mas os membros simplesmente se recusaram a se estender. Dois companheiros de cárcere me pegaram pelos ombros e me colocaram no chão, mas eu não conseguia ficar de pé.

Era como se houvesse dois elásticos enormes entre minhas nádegas e os tornozelos, mantendo as pernas dobradas, sob uma pressão tremenda. As dores no estômago, que não recebia alimento havia vários dias, eram tão intensas que pensei que meu corpo ficaria encolhido para sempre. Depois, durante horas, eu só conseguia me deslocar mancando, totalmente curvado.

A julgar pelo número de vagões naquele trem, e pela maneira como estavam lotados, estimou-se, mais tarde, que cerca de oitocentos prisioneiros tinham ali viajado, após a marcha da morte na saída de Auschwitz.

Apenas cerca de quatrocentos continuavam vivos quando chegamos.

— Bem-vindos a Buchenwald — disse um dos prisioneiros que descarregava o trem.

A exemplo do que ocorria com muitos outros jovens detentos, fomos levados para o local que os presos chamavam de "Campo Menor", um dos setores mais cruéis, mais perigosos do complexo.

Eu mal podia acreditar. Tinha sido expulso da Alemanha, descartado para apodrecer na Polônia, e agora estava sendo empurrado de volta para minha desolada terra natal.

Eu tinha uma ligação estranha com Buchenwald. Ao contrário dos outros lugares horríveis para onde havia sido enviado, eu sabia algo sobre Buchenwald. Eu me lembrava de que meu primo Walter falava bastante sobre aquele lugar, quando morávamos amontoados no minúsculo apartamento em Colônia, em 1939. Antes de tentar fugir da Alemanha, caminhando pelas montanhas até a Suíça, Walter nos contou que havia sido mantido em Buchenwald, depois de ter sido capturado, em 9 de novembro, na famigerada Noite dos Cristais — a *Kristallnacht*. Ele estava no grupo de trinta mil judeus detidos naquela noite — a mesma detenção da qual meu pai se livrou graças a seu relacionamento com aquele porteiro. Os nazistas tinham incendiado o apartamento de Walter; então ele pulou pela janela, tentando escapar. Mas foi capturado. Quando deu por si, era prisioneiro em Buchenwald.

Walter foi forçado ao trabalho escravo, engajado no projeto de expansão do próprio campo de concentração, na preparação do local para a chegada dos tantos prisioneiros que para lá seriam destinados. Naquela época, os nazistas ainda não haviam embarcado na "Solução Final", isto é, no extermínio sistemático de todos os judeus da Europa. Nos idos de 1939, se uma pessoa cumprisse devidamente a pena de detenção — e se

não fosse morta por espancamento, enforcamento, fuzilamento ou doença
—, era autorizada a sair. Assim sendo, meu primo Walter ficou livre — ou
melhor, tão livre quanto um judeu poderia ficar na Alemanha da época. E
foi nos visitar, em nosso apartamento diminuto em Colônia, no número
15 da Blumenthalstrasse, para onde os nazistas nos forçaram a mudar.

Walter nos contou sobre as atrocidades que testemunhou em Buchenwald,
quão inimagináveis eram as condições, quão implacáveis eram os alemães.
Foi com a libertação dos primeiros detentos de campos de concentração
que o povo germânico descobriu, já naquela época, o que estava acontecendo, e a população teve medo de nos ajudar. Os prisioneiros libertados
de Buchenwald na esteira daquela primeira onda de repressão contaram
tudo ao mundo. Não que o mundo tenha prestado muita atenção.

O que Walter nos contou sobre o campo de concentração, quando eu
era apenas um menino de onze anos, em Colônia, estava acontecendo
comigo. Depois de tudo o que passei, era ainda mais aterrorizante saber
que eu me encontrava exatamente no mesmo lugar que tanto tinha me
assustado quando Walter nos relatou o que ali ocorria.

Buchenwald foi originalmente planejado para ser um campo de concentração destinado a prisioneiros políticos, em vez de ser um local como
Birkenau, concebido e construído para simplesmente exterminar pessoas.
Foi ocupado, a princípio, por escritores, artistas, comunistas e qualquer
indivíduo que demonstrasse a menor resistência aos nazistas. Ficava no
alto de um morro, acima da cidade de Weimar, que tinha sido capital da
Alemanha na época da República de Weimar. Foi construído, a princípio,
para ser um campo de concentração com um nível razoável de civilidade
— não foi planejado para ser um lugar tão medonho quanto Birkenau ou
Treblinka. Mas em 1945, após seis anos de guerra, e centenas de milhares de prisioneiros tendo ali vivido e, sobretudo, morrido, as condições
haviam deteriorado barbaramente.

Não fomos levados para lá a fim de desempenhar qualquer função —
apenas nos "armazenaram" ali, até morrermos ou sermos mortos, para
nos manter longe das mãos dos russos, avançando pelo leste, e dos estadunidenses e britânicos, avançando pelo oeste. Havia no local uma fábrica

de munição e uma de baionetas, ambas operadas por trabalho escravo realizado no próprio campo, mas tinham sido bombardeadas por aviões Aliados, numa série de ataques levados a cabo por meio de voos de baixa altitude, antes da minha chegada, no final de janeiro de 1945.

Agora, nada acontecia ali, exceto fome, espera e morte.

Capítulo 31

Sussurros na noite

Passadas algumas semanas, fiz um amigo em Buchenwald. Era um adolescente chamado Ivar — Ivar Segalowitz —, que dormia ao meu lado no mesmo estrado de madeira. Tinha vindo de um vilarejo que falava alemão, na Lituânia, e era alguns anos mais novo que eu. Costumávamos sussurrar noite adentro, sobre nossas vidas antes da guerra e sobre o que faríamos, se um dia saíssemos de Buchenwald. Enquanto as pessoas à nossa volta morriam de inanição, de doença ou se matavam, ter um amigo era um meio de nos distrair daquela existência terrível.

Depois de todos aqueles anos no gueto e nos campos de concentração, eu tinha me tornado um homenzinho bastante calejado. Não contava com a ajuda de ninguém além da minha; portanto, era muito arriscado permitir que alguém ultrapassasse minhas defesas. Era difícil manter qualquer contato humano significativo. Como um soldado que não quer arriscar se tornar amigo de um novo recruta, era melhor não nutrir muito sentimento por outro prisioneiro, porque ele provavelmente estaria morto em alguns dias, ou algumas semanas. Por que arriscar o investimento emocional? Por que pôr em risco a nossa própria força de vontade de perseverar?

Em Auschwitz, era praticamente cada um por si, mas, em Buchenwald, por algum motivo, Ivar e eu nos permitimos o luxo de nos tornar amigos íntimos. No mínimo, pensei, caso Ivar ou eu sobrevivêssemos para nos lembrar um do outro, seria bem melhor do que se ambos simplesmente desaparecêssemos da face da terra, conforme tinha acontecido com tanta gente antes de nós.

A educação e a criação de Ivar não tinham sido tão sólidas quanto as minhas. Eu vinha de uma família alemã abastada, criado numa grande e cosmopolita cidade alemã; mesmo depois de todos aqueles anos de fome e perseguição, eu ainda tinha alguns resquícios de autoestima. Ainda me restava, digamos, um pouco de identidade, mesmo depois de onze anos com os nazistas me dizendo que eu era um verme sub-humano.

Ivar não teve tanta sorte. Era egresso de um vilarejo agrícola, situado num país mais rural, e não pôde contar com o tipo de escolaridade e formação cultural que eu tive. Então seu sentimento de autoestima talvez não fosse tão forte quanto o meu, naqueles dias de desesperança e desnutrição.

Se todos os que nos cercam parecem nos odiar, ano após ano, não é difícil começar a pensar que talvez estejam certos, no fim das contas.

Ivar tinha certeza de que não sobreviveria. Tinha vivido um inferno, e tinha visto muita gente perder a cabeça e desistir. Sentia-se emocionalmente mais frágil a cada dia, à medida que as forças se esvaíam — havia sobrevivido por pouco a um surto de febre tifoide, que tinha se alastrado pelo campo de concentração, matando centenas de pessoas. Estava prestes a desistir da vida.

Eu fazia o máximo para animá-lo a perseverar por mais uma hora, mais um dia, talvez mais uma semana. Para mim, Ivar era uma espécie de irmão caçula, e creio que isso me ajudava tanto quanto a ele. Se me ocupasse em tentar manter o ânimo do Ivar, em tentar convencê-lo de que, no final, ambos sairíamos daquele suplício, eu tinha menos tempo para pensar em mim mesmo. Não se pode perder a esperança enquanto se está tentando convencer outra pessoa a não fazer o mesmo.

Sendo dois dos poucos meninos no campo de concentração que falavam alemão como primeira língua, estabelecemos um vínculo imediato. Éramos chamados de *Yekkes* — judeus-alemães — pelas outras crianças, e não de uma forma gentil e benevolente. Então, juntos, formamos nossa pequena gangue, nossa minúscula fraternidade de dois.

Seguíamos adiante, uma ousada duplinha de meninos judeus famintos, tentando, à nossa própria maneira, sobreviver em Buchenwald.

Com seu senso doentio de crueldade, os alemães não suportavam ver ninguém que não trabalhasse até a morte. Então, de vez em quando, enviavam Ivar e eu, junto aos demais que ocupavam nosso barracão, para uma pedreira próxima.

Não havia trabalho útil a ser feito ali. Os alemães tão somente ordenavam que carregássemos pedras, da base da pedreira até o topo. E, quando terminávamos, eles nos mandavam carregar as pedras de volta até a base. Faziam isso para nos castigar. Só para nos obrigar a trabalhar pesado. Porque, se morrêssemos de exaustão, ou de fome, ou em consequência de algum acidente na pedreira, eles não teriam que desperdiçar balas, nem impor pesadelos a algum pobre soldado alemão forçado a nos fuzilar.

Após a guerra, ficou notório que uma das principais razões pelas quais os nazistas construíram as câmaras de gás em Birkenau, Treblinka e muitos outros campos de extermínio foi que fuzilar homens, mulheres e crianças inocentes causava grande impacto emocional em alguns soldados alemães. Depois de passarem meses em um destacamento do Einsatzgruppen (unidade móvel de extermínio), nos quais bandos de soldados da Waffen SS percorriam a Europa Oriental, sobretudo nos estágios iniciais da guerra, fuzilando prisioneiros russos, bem como ciganos e judeus, e atirando-os em valas comuns cavadas pelos próprios civis condenados, muitos soldados ficavam psicologicamente devastados. Matar gente, dia após dia, pode ser quase tão destrutivo para a saúde mental de um ser humano quanto a possibilidade constante de ser morto a tiros.

De vez em quando, alguns internos eram enviados, em equipes, até a cidade de Weimar, com o objetivo de ajudar na limpeza dos danos causados pelos bombardeios noturnos, que com o passar do tempo começaram a ocorrer com mais frequência. Os internos auxiliavam na arrumação dos escombros, empilhando os tijolos ao lado das vias, para que os edifícios pudessem começar a ser reconstruídos. Também recolhiam e enterravam os cadáveres: idosos, mulheres e crianças — civis, principalmente — vítimas do ataque aéreo da noite anterior. Era um trabalho medonho,

146

exaustivo, evidentemente. Não é preciso enterrar muitas crianças para sentir a experiência começar a lhe corroer a alma. Mas ao menos a situação propiciava àqueles internos a oportunidade de vasculhar os escombros, à procura de comida.

Nunca fui designado a integrar uma daquelas equipes. Nunca soube o porquê. Talvez porque os guardas soubessem que eu falava alemão, o que poderia facilitar minha fuga, caso eu me embrenhasse pelas ruas da cidade. Pelo mesmo motivo, acho eu, meu amigo Ivar não era selecionado; então, enquanto os outros meninos trabalhavam na cidade, ele e eu ficávamos presos no nosso barracão infernal.

Os detentos designados para aquele trabalho tentavam encontrar comida, onde quer que fosse, em meio aos prédios destruídos, mas simplesmente não havia muito alimento a ser encontrado. Os civis alemães não estavam tão mal quanto nós, mas também começavam a passar fome naquela época.

Um escritor alemão preso em Buchenwald, um colega detento, estava lá havia quatro anos. Chamava-se Georg, mas não me lembro do sobrenome.

Ele tinha sido tratado bem melhor do que nós, judeus, e por isso havia sobrevivido todos aqueles anos. Estava detido ali estritamente por causa de suas opiniões políticas — prisioneiros políticos eram vistos como mais dignos de tratamento humano do que judeus. Era um homem maduro, com quase cinquenta anos à época. Possuía um rádio clandestino e gozava de alguns outros privilégios, e tinha contato com os líderes da resistência secreta do campo de concentração, que permitiam que ele vagasse livremente pelas instalações. Além disso, contava com um amigo na administração, o que lhe possibilitava descobrir o que acontecia do lado de fora dos portões. Era um dos poucos internos ali que, de fato, fazia alguma ideia do que estava por vir.

Eu tinha passado fome, sido alvejado e trabalhado quase até a morte ao longo daqueles anos. Havia sido uma sorte, ter sobrevivido todo aquele tempo. Mas a exemplo do que havia ocorrido com Ivar, meu corpo e meu ímpeto de viver estavam praticamente esgotados.

Encontrei o escritor no banheiro, um dos poucos locais onde era possível falar livremente com um interno alojado em outra quadra de barracões, sem levantar suspeita. Acho que meu estado ficou óbvio para Georg. Ele já tinha visto muitos prisioneiros chegarem de trem e sair pela chaminé do crematório.

— Aguente firme! — disse-me Georg, ali, na latrina fedorenta. — Faça o que for preciso para aguentar firme.

— Não sei o que significa "aguentar firme" — retruquei.

— Não desista — insistiu ele.

Não podia ser mais específico, porque isso seria um risco enorme. Mas ouvir aquele pingo de incentivo, depois de tanta exaustão e de tanto tempo passando fome, talvez tenha sido uma das razões pelas quais ainda estou aqui para contar esta história.

É provável que ele soubesse, graças aos seus contatos no campo de concentração, o que estava acontecendo logo a oeste dali. É provável que soubesse que o Terceiro Exército, do General George Patton, corria em nossa direção, e que a Wehrmacht e a Luftwaffe definhavam a cada dia que passava. Os alemães estavam ficando sem combustível, sem tanques, sem munição e sem homens. Patton e seus tanques avançavam a toda velocidade para o coração da Alemanha, e não havia muito que os super-homens germânicos pudessem fazer para detê-los.

148

CAPÍTULO 32

Deitados ao lado dos mortos

Eu estava em Buchenwald havia pouco mais de dois meses — fevereiro e março — quando o fornecimento de comida e água foi interrompido por completo. Era como se os alemães, que tanto se ocuparam de nos aprisionar e nos exterminar, houvessem se esquecido de nossa presença.

Havia um mau presságio. Uma sensação de desgraça. Ivar e eu estávamos presos naquele lugar fétido, sem qualquer forma de sustento. Se ali permanecêssemos, morreríamos. Se tentássemos escapar, seríamos fuzilados.

Quando a comida parou de chegar, as pessoas começaram a morrer, por toda parte, à nossa volta.

Embora anteriormente o nosso setor de Buchenwald fosse um inferno mais ou menos organizado, agora estava se transformando em um lugar de imundície, morte e desespero.

Quando alguém morria, os alemães nem sequer removiam o cadáver. Os corpos simplesmente jaziam nos beliches, às vezes, durante vários dias. Nós, os detentos, não tínhamos forças para removê-los, e, em todo caso, os alemães não o permitiriam. Então os barracões se transformaram em jazigos bizarros, com os vivos deitados ao lado dos mortos.

A solução adotada pelos malditos alemães foi jogar cloro em pó sobre os restos mortais, para evitar que se decompusessem totalmente. Os vapores sufocantes do cloro forçavam aqueles de nós que ainda estavam vivos a nos amontoar nos beliches superiores, um pouco mais longe do fedor e da contaminação. Ainda hoje, sinto nos pulmões o cloro abrasador — tratava-se de algo presente, dia após dia. Ainda hoje, se for nadar numa piscina e sentir cheiro de cloro, tenho a sensação de retornar àquele barracão horrendo: bloco 66.

À noite, ficávamos confinados. Se saíssemos para respirar um pouco, os soldados atirariam em nós. Perspectiva que, numa situação aparentemente tão infinda e tão desprovida de esperança, não parecia ser das piores. Bastaria dar alguns passos, do lado de fora, buscando o ar puro da noite, e um ou dois disparos acabariam com meu sofrimento.

Encontrei uma janelinha no telhado, junto ao nível mais elevado dos beliches, através da qual conseguia respirar melhor. Havia uma pequena barra de ferro, que eu empurrava para manter a janela aberta, e Ivar e nossos outros companheiros de beliche se revezavam, à noite, respirando através daquela abertura minúscula, para não sufocar. Era como se estivéssemos inspirando o ar derradeiro, antes de nosso navio naufragar.

Aquilo durou dez dias. Sem comida. Quase sem água. Ao cabo dos primeiros dias, perdi as poucas forças que me restavam. Meu estômago voltou a encolher tanto, como se formasse um nó, que eu não conseguia nem ficar ereto. Eu era um rapaz de dezesseis anos que parecia um homem centenário, decrépito, todo encolhido num beliche de madeira tosca. Não existia nenhum tipo de saneamento. Os corpos em decomposição, somados à sujeira daqueles de nós que continuávamos vivos, tornavam impossível a vida no barracão. Os cadáveres atraíam moscas, vermes e piolhos. E não havia nada que pudéssemos fazer, exceto esperar.

Estive com Georg, uma vez, naqueles dias finais.

— Agora, mais do que nunca — disse-me ele —, seja corajoso, aguente firme.

Apenas o encarei; era tudo o que eu conseguia fazer.

— Não desista — continuou. — Isso vai acabar em breve.

Então aguentei firme.

CAPÍTULO 33

Um tanque com a Estrela de Davi

Um ou dois dias depois da última vez que falei com Georg, eu estava deitado no beliche, ao lado de Ivar, tentando não morrer de fome. Minha fraqueza era tamanha que eu não conseguia me mexer e, na verdade, não havia nenhum motivo para isso. Não víamos comida havia mais de dez dias.

Tínhamos sido informados, por meio dos boatos que corriam pelo campo de concentração — recados sussurrados na *Appellplatz*, ou em volta da latrina —, que os alemães estavam juntando prisioneiros judeus e removendo-os do campo, em trens ou em marchas da morte, ou levando-os para o bosque, onde eram fuzilados, num esforço derradeiro de silenciar testemunhas. Estávamos debilitados, indefesos e apavorados. Não tínhamos forças para nos mover, muito menos para correr ou lutar. Então tudo o que podíamos fazer era nos esconder nos barracões, tentar passar despercebidos e continuar respirando.

Eram cerca de três da tarde do dia 11 de abril. Ouvimos algo, do lado de fora dos barracões, que não tínhamos ouvido antes: um chacoalhar estrondoso que parecia se aproximar.

Um camarada do meu barracão, um dos poucos que ainda conseguia ficar de pé durante alguns minutos, levantou-se para olhar por uma das janelas que ficavam à altura dos ombros. Então ele disse, com a voz baixa e embargada:

— Acho que estamos sendo libertados.

Não acreditamos.

Ao longo de todos os anos em que estive preso, eu tinha visto tanta gente enlouquecer que era difícil, para mim, levá-lo a sério. Nunca se sabia no que acreditar, e no que não acreditar. O tempo todo detentos perdiam a sanidade e alucinavam. Aquele era, provavelmente, apenas mais um interno delirante. No dia seguinte, talvez, fosse eu. Por que eu deveria alimentar qualquer esperança?

Ele prosseguiu, com a voz rouca:

— Se não acreditam em mim, venham dar uma olhada.

Que diabos, pensei. Junto a alguns companheiros, dirigi-me lentamente até as vidraças sujas e quebradas.

Avistei um tanque que se aproximava, um monstro cor de oliva, rugindo e subindo a rua entre os barracões. Tínhamos ouvido falar que os alemães receberam ordens de destruir o campo de concentração, caso houvesse alguma indicação de captura. Acreditávamos que jamais nos deixariam retornar à sociedade, jamais permitiriam que contássemos nossas histórias. Então, quando vi os tanques pela primeira vez, tive certeza de que eram alemães e que ali estavam para acabar conosco.

No entanto, onde esperava ver uma cruz alemã, branca e preta, como as que existiam em todos os tanques que eu tinha visto até então, na lateral daquela máquina enorme e assustadora havia uma estrela judaica, a Estrela de Davi, rabiscada com giz.

Por que os alemães nos pregariam uma peça daquela?, eu me perguntei.

Não fazíamos ideia, mesmo em abril de 1945, que a Europa tinha sido invadida pelos Aliados, que o Terceiro Exército dos Estados Unidos avançava pelo oeste da Alemanha, e tampouco que a Alemanha estava prestes a ser derrotada. Exceto por aquelas poucas palavras do meu amigo Georg, que na verdade nada explicaram, eu não fazia a menor ideia do que acontecia no mundo exterior.

O que eu sabia era que estava fraco e tonto. Se não fosse o parapeito da janela em que me encostava, eu teria caído no chão.

Também estou tendo alucinações, pensei.

O oficial posicionado em cima do tanque usava um uniforme marrom-esverdeado, que eu não reconhecia — os uniformes da Wehrmacht ou da SS eram quase sempre pretos ou cinza.

Então me dei conta de que ele estava gritando em iídiche, o que nenhum oficial alemão faria.

— *Ihr seit fray!* — bradou ele, várias vezes. "Vocês estão livres!"

— *Wir sind hierher gekommen, um dich frei zu machen!* — gritou, enquanto os prisioneiros começavam a sair do estupor provocado pela fome. "Nós viemos aqui para libertá-los!"

Um burburinho e um arrastar de pés irromperam atrás de mim. Ivar rastejou para fora do nosso catre de madeira, qual um defunto voltando à vida, saindo do caixão. Qualquer prisioneiro que ainda tivesse condições de se mexer começou a andar, arrastando os pés, ou rastejou pelo chão de terra, esforçando-se para chegar à janela, tombando porta afora.

A notícia se espalhou de beliche em beliche, de barracão em barracão, de bloco em bloco. As pessoas morriam tão depressa que não havia como saber quem ainda estava conosco e quem já havia partido. Os vivos tentaram acordar os mortos, deitados ao lado deles, ansiosos por lhes contar a novidade.

O mundo se tornou um amontoado trôpego de listras azuis e brancas, desbotadas e sujas. Aqueles que podiam se mover arrastaram-se até a luz do dia, estupefatos por não haver alemães por perto, para atirar em nós, ou nos espancar, ou nos forçar a trabalhar até a morte. Os mais fortes ajudaram os mais fracos a sair dos estrados de madeira e chegar à luz. Como se fôssemos presidiários no corredor da morte, que havia anos esperavam pela execução, para nós, a ideia de que realmente pudéssemos estar livres era quase impossível de ser assimilada.

Fomos libertados pelo Terceiro Exército, sob o comando do General George Patton. As forças haviam se aproximado do campo de concentração com tanques e alguns soldados de infantaria, porque pensaram que poderiam encontrar resistência por parte dos alemães. Mas, quando ficou evidente que todos os nazistas tinham fugido, os invasores derrubaram as cercas de arame farpado e enviaram alguns tanques colina acima, para nos trazer a mensagem de que havíamos sido libertados.

Capítulo 34

Atrás do arame farpado em Buchenwald

Nos últimos dias antes da chegada dos estadunidenses, os russos e os prisioneiros comunistas assumiram o controle do próprio setor, em Buchenwald. Eles mantinham depósitos de armas clandestinos, em vários locais, espalhados por todo o campo.

Houve um tenso impasse entre os comunistas — que àquela altura, do lado de dentro da cerca de arame farpado, comandavam o campo de concentração —, a SS e o SS *Oberführer* Hermann Pister, o comandante do campo, um sujeito fraco, propenso a retardar decisões, mas que se deu conta de que o avanço dos militares estadunidenses pela Alemanha fazia da libertação de Buchenwald apenas uma questão de tempo.

Os comunistas haviam descoberto que Heinrich Himmler, o nazista chefe da SS, tinha expedido a ordem de que todos os prisioneiros fossem mortos e os campos de concentração destruídos. Mas os detentos comunistas contavam com uma inteligência bastante eficiente que informava o que estava acontecendo lá fora, e fizeram de tudo para retardar as ações da SS e manter o maior número de judeus e outros prisioneiros seguros — especialmente nós, crianças — o máximo de tempo possível.

Quanto ao referido impasse com os alemães, os líderes internos do campo sabiam que, a despeito do estoque de armas escondidas, não eram páreo para os cerca de três mil guardas da SS, caso uma rebelião eclodisse.

Contudo, recusando-se a reunir-se quando ordenado pelos nazistas, esperavam desacelerar a máquina de extermínio, até que os Aliados alcançassem o campo de concentração e o libertassem. Chegaram a improvisar um transmissor de rádio e enviar uma série de mensagens pedindo socorro, frenéticas, urgindo os estadunidenses a vir o mais depressa possível.

Mesmo assim, muitos judeus foram mortos naqueles dias finais. Boatos corriam pelo campo de concentração, afirmando que, por vezes, os nazistas ordenavam que grupos de judeus e outros presos se apresentassem na *Appellplatz*, provavelmente, para serem levados para marchas da morte ou fuzilados no bosque. No dia 7 de abril, apenas quatro dias antes da libertação, um trem foi carregado de judeus expulsos de Buchenwald e enviado para o leste, em direção ao campo de Dachau, próximo a Munique. O trem chegou lá no dia 27 de abril. Durante a viagem, inúmeros judeus embarcados passaram fome, morreram em consequência de alguma doença, ou foram metralhados por aviões de combate dos Aliados, conforme tinha ocorrido com o trem em que eu havia viajado, alguns meses antes.

A certa altura, os nazistas, alertados por um delator que operava dentro do campo de concentração, tentaram arrebanhar 46 dos líderes mais ativos entre os prisioneiros, para serem levados e fuzilados. Mas, graças à excelente rede de espionagem interna, a resistência secreta do campo conseguiu esconder quase todos os indivíduos que constavam da lista — debaixo dos barracões ou em outros locais secretos —, ou trocar as identidades dos procurados com as de prisioneiros já falecidos, tornando quase impossível para a SS discernir quem era quem, e quem fuzilar.

Em outra ocasião, naqueles últimos dias, chegou a notícia de que os poucos ingleses e estadunidenses detidos no campo de concentração seriam executados. Estavam enfiados em buracos e esconderijos debaixo dos barracões, por todo o campo, e eram abastecidos com comida e água pelos outros presos, sempre que os nazistas viravam as costas.

Na condição de jovens judeus recém-chegados a Buchenwald, meus companheiros adolescentes e eu não participávamos de nada disso. Ficávamos confinados no "Campo Menor", o pior e mais bem guardado setor do campo de concentração, e não fazíamos ideia de que tudo aquilo estivesse acontecendo.

Os líderes dos internos não sabiam se podiam confiar em nós. Pessoas que se veem desesperadas para sobreviver, como era nosso caso, fazem praticamente qualquer coisa, inclusive delatar companheiros de cárcere por uma crosta de pão. Éramos novos ali, definhávamos, e, àquela altura, nossa saúde já estava tão debilitada que não teríamos utilidade em qualquer tipo de luta. No meu canto do campo de concentração, fazíamos de tudo para não ser notados. Para parecer que não existíamos — uma habilidade que eu tinha aperfeiçoado, ao longo dos anos, em Auschwitz.

Capítulo 35

A SS em fuga

Poucos dias antes de o campo ser libertado, os alemães pareceram se dar conta de que permanecer em Buchenwald não seria nada bom para eles. Então abandonaram os postos e trataram de fugir, alguns chegando a descartar seus uniformes da SS e vestir roupas civis, na tentativa de escapar dos soldados Aliados e dos internos sedentos de vingança.

No dia da libertação, alguns prisioneiros de guerra russos saíram em perseguição aos guardas da SS, os quais fugiram para os bosques e regiões rurais, ao norte, e para o sul, em direção à cidade de Weimar. Muitos integrantes da SS não sobreviveram. Os russos estavam decididos a se vingar. Os alemães tinham sido tão brutais na Frente Oriental que aqueles russos não os deixariam escapar facilmente.

Vários guardas da SS foram apanhados, espancados e chutados até a morte pelos russos, ou pelos comunistas alemães que também haviam sido detidos. Descobrimos mais tarde que alguns dos guardas foram linchados por prisioneiros ávidos por desforra. Foram enforcados em árvores, no mesmo local de sua captura.

Os primeiros estadunidenses a entrarem em Buchenwald encontraram o campo de concentração por acaso. Sob comando do Capitão Frederic Keffer, a tripulação de um carro blindado pertencente ao Terceiro Exército — veículo semelhante a um pequeno tanque com rodas — foi designada para explorar a área das campinas e bosques ao norte de Weimar. Os soldados estadunidenses avistaram um grupo de guardas da SS que saíam correndo de Buchenwald, perseguidos por prisioneiros russos que queriam pegá-los e matá-los. Os russos informaram a localização do campo ao esquadrão estadunidense de reconhecimento, e alguns russos subiram no carro blindado, com o propósito de conduzir os estadunidenses através da cerca de arame farpado, para dentro do campo de concentração.

O Capitão Keffer e seu assistente, o Sargento Técnico Herbert Gottshalk, um soldado de infantaria judeu-americano, deixaram o carro blindado do lado de fora do campo, sob a guarda de dois outros soldados, e entraram no complexo através de um buraco na cerca de arame farpado, no lado norte de Buchenwald.

Foram recebidos por um cenário de caos generalizado, no qual milhares de prisioneiros comemoravam sua salvação.

Alguns dos prisioneiros mais fortes, de acordo com o relato do Capitão Keffer, pegaram os estadunidenses pelos braços e pernas, e os lançaram ao ar, com grande alegria, várias vezes. O Capitão Keffer foi jogado para cima com tamanha violência que ficou tonto e teve que pedir aos prisioneiros que parassem com aquela desvairada demonstração de liberdade.

Não pude testemunhar essa cena, pois meu barracão não ficava perto do local onde os dois primeiros estadunidenses entraram; só um pouco mais tarde tomamos conhecimento da situação, quando um pequeno esquadrão de tanques dos Estados Unidos passou por cima da cerca de arame farpado, no setor sul, e seguiu rugindo até o centro do campo de concentração.

Capítulo 36

Os saudáveis, os doentes e os moribundos

Eu estava deitado no chão de terra, em frente ao nosso barracão, tentando assimilar o fato de que tudo havia acabado. Meu corpo permanecia encolhido, paralisado pela fraqueza e pelas dores estomacais que acompanham a inanição quase total. Mas eu estava vivo.

A cena era avassaladora. Alguns prisioneiros deliravam. Por toda parte havia gritos, choro, brados.

Cada vez mais estadunidenses começaram a aparecer, subindo a colina em seus jipes e caminhões. Não estavam preparados para resgatar dezenas de milhares de pessoas famintas; então ofereceram-nos qualquer comida que tinham em mãos. Lembro-me de que um soldado me deu um pedaço de chiclete. Eu não fazia ideia do que era aquilo; portanto, fiquei mastigando, tentando comê-lo, mas simplesmente não se dissolvia. Eu não sabia o que fazer com aquilo; então, por fim, o engoli inteiro.

Outro soldado me deu uma lata que continha algum tipo de carne — acho que deve ter sido uma latinha de apresuntado. Foi a coisa mais saborosa que eu havia provado na vida. Os estadunidenses foram se organizando, à medida que a tarde se transformava em noite. Uma equipe médica chegou e deu início ao processo de triagem, separando os prisioneiros em três grupos.

O primeiro grupo reunia os homens mais saudáveis, que não precisavam de atenção médica imediata. O segundo grupo foi composto de homens e meninos que precisavam desesperadamente de cuidados — comida, água e assistência médica —, mas que provavelmente sobreviveriam.

O terceiro grupo era o dos moribundos. Embora estivessem vivos — e livres —, não significava que viveriam para ver raiar o dia seguinte. O terrível trabalho dos médicos era decidir quem podia ser salvo, e quem não podia.

Naquela primeira noite, os suprimentos disponíveis eram escassos, e havia um número limitado de pessoas para cuidar dos piores casos. Muitos meninos e homens morreram antes que a comida, a água potável e os remédios pudessem salvá-los.

Surpreendentemente, meu amigo Ivar, que mal conseguia se manter de pé, foi selecionado para receber tratamento. Naquele estado, ele era o que os alemães nos campos de concentração, em seu modo grosseiro e intolerante de dizer que alguém não tinha salvação, chamavam de *musselman* — palavra iídiche que significa "muçulmano". Mas os estadunidenses discordaram sobre o estado dele, e o elegeram para ser tratado, provavelmente por causa do tamanho e da idade de Ivar.

Depois de divididos em grupos de acordo com nossas condições de saúde, os médicos e os soldados separaram a nós, meninos, do restante dos internos. Isso tinha sentido: os estadunidenses eram diretamente responsáveis por nós, menores, mas os adultos, pelo menos teoricamente, estavam livres para ir e vir. Na ocasião, também me perguntei se era prioridade nos manter vivos pela mesma razão que levou os alemães a exterminar o maior número possível de jovens judeus: representávamos a nova geração de todo um povo.

Um oficial nos acompanhou, lenta e cautelosamente, através da cerca de arame farpado que isolava o complexo de prisioneiros, até os edifícios de pedra onde os guardas da SS alemã tinham se alojado. O local estava sujo e degradado, mas, provido de aquecimento e luz, parecia um palácio para nós. A maioria dos meninos — inclusive eu — conseguiu um beliche para si próprio.

160

Os oficiais da SS dormiam em beliches duplos, enquanto os soldados alistados dormiam em beliches triplos. Tive a sorte de ser levado para um dos blocos de oficiais, e ocupei um dos beliches duplos. Aquele foi o primeiro colchão em que dormi depois que fomos forçados a sair do nosso apartamento em Colônia, em 1935. Dez anos dormindo diretamente sobre um estrado de madeira.

É lógico que estávamos todos esfomeados. E, à medida que ganhávamos força, criamos coragem para nos queixar aos nossos anfitriões, aqueles estadunidenses bem-alimentados que corriam de um lado para outro, tentando manter a ordem.

Naquela primeira noite, eles se recusaram a nos dar muita comida, com receio de que a repentina e não racionada ingestão de alimentos sobrecarregasse nosso sistema digestivo debilitado e causasse mais danos do que benefícios. Isso parecia ridículo para nós. Estávamos famintos e precisávamos comer. Cada célula do meu corpo gritava por pão, carne, batata, queijo — qualquer coisa em que eu botasse as mãos. Mas os médicos, calma e firmemente, disseram não. Falaram que receberíamos pequenas quantidades de alimento, um pouco mais a cada dia, para não morrermos em consequência do impacto de comer demais, cedo demais.

Sou grato por isso. Os prisioneiros que não receberam tal orientação padeceram: os homens adultos libertados naquele dia ficaram inteiramente livres, embora os estadunidenses tentassem manter todos os prisioneiros nas dependências do campo, a fim de evitar qualquer interferência no esforço de guerra, e impedir que algum soldado estadunidense, manuseando uma metralhadora e ávido por ação, ou algum piloto de caça, os confundisse com tropas alemãs e disparasse contra eles.

Alguns desses ex-detentos eram prisioneiros de guerra russos. Estavam presos num subcampo separado do nosso por uma cerca de arame farpado. Aqueles internos, em sua maioria, estavam em melhores condições do que nós. Pelo menos no decorrer do tempo que passei em Buchenwald, os nazistas os trataram com certo sentimento de humanidade. Mas, assim como nós, ao longo dos dez dias ou mais antecedentes à libertação, haviam passado fome.

Muitos russos, comunistas alemães e presos políticos já haviam fugido do campo quando os estadunidenses chegaram, ou logo depois. Eram adultos, e nossos aliados, os militares dos Estados Unidos, não tinham nenhuma autoridade sobre suas ações. Tais indivíduos percorreram toda aquela área, coletando comida onde fosse possível, principalmente na forma de animais para abate, por eles próprios "libertados" de propriedades rurais situadas nas redondezas.

Depois, trouxeram ovelhas, vacas, porcos e galinhas de volta para as dependências do campo, mataram os animais e prepararam uma lauta refeição na enorme cozinha comunitária. E todos se esbaldaram, o que era exatamente o que cada um de nós queria fazer.

O resultado foi pavoroso. Centenas adoeceram em consequência da afronta que aquela comilança gordurosa causou em seu sistema digestivo. O estômago deles, a exemplo do meu, havia encolhido, a ponto de mal conseguir processar qualquer alimento. Se uma pessoa não come durante muito tempo, uma sobrecarga de comida pode simplesmente bloquear e incapacitar o aparelho digestivo, levando alguns indivíduos a um estado de choque, e muitos a óbito. Foi precisamente o que ocorreu com tantos daqueles pobres russos esfomeados, e com outros prisioneiros mais velhos. Eles tombaram e tiveram mortes horríveis, dolorosas, sendo vítimas da própria fome. Os corpos jaziam na *Appellplatz* — alguns vivos, muitos não —, no mesmo dia em que foram libertados.

De volta ao antigo alojamento da SS, agora nosso, logo a noite chegou. Os meninos mais saudáveis conversavam livremente, enquanto as luzes eram acesas, e voltaram a agir um pouco como os adolescentes que, de fato, eram.

À medida que a adrenalina gerada por nossa libertação começou a diminuir, cedi à fadiga e à fraqueza, e peguei no sono.

Pela primeira vez no que pareceu uma vida inteira, pude dormir sabendo que, ao acordar, estaria livre.

Capítulo 37

Negros e brancos

Quando acordei na manhã seguinte à nossa libertação, demorei alguns minutos para me dar conta de que aquilo não era apenas mais um sonho, um sonho do qual eu havia acabado de despertar, apenas para me ver novamente mergulhado no pesadelo em que minha vida tinha se transformado durante tantos anos.

Mas era real: eu estava deitado num colchão quentinho e macio, só meu. Fui acordado pela comoção ao meu redor, de adolescentes despertando e saindo de seus leitos. Faltava alguma coisa. Não havia alemães gritando. Não havia ninguém me mandando fazer algo — era uma experiência por demais estranha. Era como se eu tivesse ficado surdo durante a noite.

Eu ainda estava bastante fraco, e sentia muita fome. Mas, assim como todos os outros meninos, logo me dirigi até a *Appellplatz*, para a chamada matinal.

Aquela chamada foi bem diferente de todas as outras às quais tínhamos sido submetidos antes. Pela primeira vez, depois de todas aquelas manhãs tenebrosas e tristes, e de anos do medo constante — a cada segundo de cada dia — de sermos surrados, ou coisa pior, estávamos fazendo fila por vontade própria.

Os médicos e soldados estadunidenses enfrentavam a monumental tarefa de alimentar e proteger todos os 21 mil prisioneiros libertados de

Buchenwald. Portanto, havia muita coisa acontecendo, se desenrolando diante de nosso semblante atônito e cadavérico.

Foi bastante difícil, no início, depositar confiança naqueles soldados recém-chegados, depois de termos sido brutalizados durante anos pela SS alemã, por criminosos alemães e militares provenientes do Leste Europeu. Os estadunidenses pareciam muito estranhos para nós, como se fossem de outra dimensão. E tenho certeza de que, para eles, parecíamos igualmente bizarros. De fato, a maioria de nós não tinha aspecto humano, depois de tudo pelo que passamos. Estávamos imundos, desnutridos, vestidos com trapos, ou mesmo despidos, e falávamos uma mescla de diferentes idiomas, nenhum deles o inglês.

Diferentes grupos de soldados, médicos e outros integrantes do Exército dos Estados Unidos continuaram chegando, em jipes e caminhões enormes e barulhentos, exibindo nas portas grandes Estrelas de Davi.

Os primeiros soldados estadunidenses que vimos naquele primeiro dia, os que chegaram nos tanques Sherman, bem como os primeiros médicos, eram brancos. Mas os primeiros soldados da infantaria que encontramos na manhã seguinte eram negros estadunidenses. Eu nunca tinha visto uma pessoa negra antes, o que, em retrospecto, parece estranho, mas era verdade. Mais tarde, fiquei sabendo que as forças de inteligência dos Estados Unidos constataram que os alemães tinham um medo irracional dos "brutais" e "sub-humanos" *Schwarz Soldaten* — soldados negros —, e os Estados Unidos se valeram da ameaça de lançar soldados negros contra as tropas alemãs, com o propósito de intimidá-las e levá-las à rendição. Na tentativa de atemorizar os nazistas e subjugá-los, os estadunidenses chegaram a espalhar panfletos que descreviam soldados negros como selvagens e sedentos de sangue, ansiosos por castrar os pobres e indefesos recrutas da Wehrmacht. Mas aqueles soldados negros que encontramos foram alguns dos indivíduos mais amáveis e generosos que conheci na vida.

Comboios de tropas chegaram, a fim de constatar os horrores do campo de concentração e nos ajudar, de toda maneira possível. Alguns caminhões transportavam soldados brancos e outros levavam soldados negros. Mas nunca víamos destacamentos compostos de negros e brancos juntos.

Os brancos faziam o máximo para melhorar nossas condições, mas eu tinha a sensação de que alguns deles não queriam chegar muito perto, não queriam se envolver muito conosco. Acho que posso entender o porquê: éramos uma gente fedorenta, estranha e desesperada, portadora de sabe-se lá quais doenças. A febre tifoide rondava o campo de concentração havia semanas, e meu amigo Ivar mal tinha sobrevivido. Eu soube, mais tarde, que as tropas estadunidenses foram treinadas para se esquivar de confraternização com populações locais que encontrassem durante a guerra, a fim de evitar doenças e vazamentos involuntários de informações que pudessem ser úteis ao inimigo, e também para impedir qualquer envolvimento emocional que dificultasse o desempenho das funções esperadas de um soldado.

Os soldados negros, no entanto, foram maravilhosos conosco. Ficou evidente, desde o início, que eram mais solidários na maneira como nos tratavam. Costumavam nos oferecer toda e qualquer comida que conseguissem arranjar, e depois saíam à procura de mais.

Alguns choravam diante dos horrores que viam. Assim como nós, eram considerados seres inferiores, sub-humanos, segregados, e tinham status de segunda classe em seu próprio exército, mesmo quando lutavam contra forças nazistas cuja filosofia se baseava na bizarra ideia de supremacia racial.

Surgiu entre nós uma afinidade instantânea. E tal empatia permaneceu forte comigo desde então.

Capítulo 38

O primeiro café da manhã

Após a chamada, fomos conduzidos a um refeitório improvisado, para desfrutarmos de nossa primeira refeição completa. Os médicos continuavam atentos quanto ao tipo e à quantidade de alimentos que nos eram fornecidos, fator especialmente importante depois da tragédia da noite anterior, quando aqueles prisioneiros mais velhos comeram até morrer.

Cada um de nós recebeu uma caneca de leite, uma pequena fatia de pão e um único ovo cozido. Protestamos, choramingamos e reclamamos. Foi meio libertador, por si só, poder reclamar, sem medo de acabar na forca, ou numa vala, com um buraco na cabeça. Mas, a despeito do barulho que fizemos, aquela provisão foi tudo o que conseguimos da cozinha do campo de concentração, naquela primeira manhã.

Após a refeição, como parte da avaliação do nosso estado de saúde, tivemos que formar fila para consultarmos um médico, que fez o melhor que pôde, no intuito de aferir e registrar nossa condição física.

Por ter passado fome durante tantos anos, não pude vivenciar a fase da puberdade. Meu corpo jamais teve vigor suficiente para avançar pelas mudanças sexuais observadas na maioria das crianças saudáveis.

Eu tinha dezesseis anos, mas tinha o corpo de um garoto de treze. Um menino magricelo de treze anos.

Eu pesava 35 quilos. Quase o mesmo peso de um pastor-alemão saudável.

Capítulo 39

Medo da liberdade

Nos dias subsequentes, à medida que recuperava aos poucos minhas forças e começava a me acostumar com o fato de que poderia, verdadeiramente, ter um futuro, percebi que não estava tão feliz quanto havia imaginado que estaria.

Eu estava apavorado.

Depois de anos na prisão, alguns condenados descobrem que, na realidade, não sabem o que fazer quando de repente se veem livres. Mesmo que sua vida tenha sido terrível no cárcere, ali, pelo menos, naquele ambiente controlado, eles conheciam as regras. Suas necessidades eram atendidas por uma força externa — ainda que tal força fosse extremamente brutal. E se isso ocorre com adultos quando *vão para a prisão*, gente que para lá é enviada por erros cometidos, imagine o que aquela situação causou a mim.

Eu tinha crescido no gueto de Łódź, em Auschwitz e em Buchenwald. Aprender a sobreviver, um dia terrível após o outro, em mais de um campo de concentração, era a única vida que eu conhecia.

Por mais medonho que tal fato pareça, Łódź, Auschwitz e Buchenwald tinham sido meus únicos lares, e os poucos indivíduos com quem eu havia criado alguns laços eram agora minha única família.

Eu estava livre. E sozinho. Havia milhares de pessoas perto de mim, lógico. Mas naquele dia, quando contemplei o futuro, olhando do interior do campo para o mundo verdejante e infinito ao pé da colina, eu não sabia o que faria, nem para onde iria. Não fazia ideia de quem eu era.

Era um garoto de dezesseis anos, fisicamente subdesenvolvido. Todas as pessoas e instituições nas quais confiei ao longo da vida tinham sido incapazes de me ajudar.

Os alemães haviam tentado me matar, de diversas maneiras. Tinham assassinado minha mãe e meu pai, bem como, provavelmente, toda a minha família. Até os pilotos Aliados tinham atirado em mim e destroçado gente que estava ao meu lado, naquele vagão encharcado de sangue, a caminho de Buchenwald.

Aqueles novos soldados, médicos e rabinos do Exército dos Estados Unidos, assim como assistentes sociais ligados a organizações judaicas, pareciam melhores do que os alemães. Mas, anteriormente, já tinham me dito milhares de vezes que as pessoas que ocupavam posições de poder estavam do meu lado, que tudo acabaria bem. Nunca tinha sido verdade.

Eu havia sido institucionalizado e, de alguma forma, contava com o fato incontestável de que passaria fome, seria brutalizado e perseguido. E, até mesmo o inferno que eu conhecia, que tinha sido meu único mundo durante tanto tempo, também me havia sido tirado.

Eu não era o único que desconhecia o que o futuro reservava. Os estadunidenses e seus aliados estavam assoberbados, em plena guerra, e, de repente, tinham que cuidar de dezenas de milhares de pessoas indefesas. Tudo indicava que eles estavam fazendo o máximo possível, dadas as circunstâncias, mas eu sentia um medo constante de que aquela boa índole e aquelas boas intenções desaparecessem, que eles se cansassem de cuidar de mim e do restante de nós, e que as coisas voltassem a ser como antes.

Eu tinha aprendido a nunca, jamais, confiar em ninguém, nem em nada. Era uma das razões pelas quais eu ainda estava vivo. E de repente, só porque os uniformes haviam mudado, eu deveria, de uma hora para outra, me abrir e confiar naquele exército, naquele país, naquela gente que falava uma língua diferente e estranha?

Estávamos no meio da Alemanha, mas os alemães não haveriam de cuidar de mim. Eram meus algozes, inimigos mortais. E, àquela altura, estavam sendo bombardeados, e já padeciam de fome.

Eu não tinha formação educacional, nem família, nem dinheiro, nem mesmo roupas próprias. Sequer tinha um país para onde voltar. Eu já estava *no meu país*, uma nação que tinha feito de tudo ao seu alcance para exterminar a mim e a todos que eu conhecia.

Anos mais tarde, eu me daria conta de que estava sofrendo de transtorno de estresse pós-traumático. Na época, parecia ser um pavor onipresente, que entorpecia a alma.

Capítulo 40

A longa estrada

Naqueles primeiros dias, um tornado de atividades atingiu todo o campo de Buchenwald. Havia soldados por toda parte. Vários caminhões transportando comida e suprimentos subiram a colina, provenientes de Weimar, e foram descarregados na cozinha. Nunca tínhamos visto tantos mantimentos: pilhas e mais pilhas de farinha de trigo, açúcar e latas de óleo de cozinha. Enormes latas de leite dispostas em diversas fileiras.

Buchenwald contava com um capelão judeu estadunidense, o Rabino Herschel Schacter, que tinha chegado no dia da libertação, poucas horas depois dos primeiros soldados. O rabino fez tudo o que pôde, no intuito de organizar os esforços de socorro e estabelecer um sentido de normalidade e sanidade para os judeus em Buchenwald. Por falar iídiche, ele se tornou uma espécie de intermediário entre os judeus e as autoridades militares estadunidenses.

Embora eu tivesse sido criado na fé judaica, minhas experiências posteriores com os alemães em nada contribuíram para incutir em mim qualquer crença em um poder superior. Por intermédio do Rabino Schacter, os estadunidenses fizeram todo o possível para nos ajudar — as poucas crianças judias restantes — a enfrentar nossa provação e resgatar um senso mínimo de normalidade e cultura. O rabino percorreu o campo distribuindo *matzo*, pão assado sem fermento, porque a Pessach havia ocorrido cerca de uma semana antes de sermos libertados.

Depois que obtivemos permissão para nos alimentarmos sem restrições, aproveitamos ao máximo a oportunidade. Engolíamos, em poucos minutos, uma refeição que levaria uma hora para ser deglutida por uma pessoa normal. E me lembro de que sempre duvidava se ainda haveria alimento no dia seguinte, embora houvesse comida farta naquele dia. Eu estava tão acostumado a juntar cada migalha que não conseguia abandonar o hábito. Após as refeições, eu enfiava pão, rosquinhas e pedaços de carne nas roupas, para ter certeza de que teria o que comer à noite. E escondia comida debaixo dos cobertores, na minha cama. Todos fazíamos isso.

Eu me sentia culpado por agir daquela maneira. No decorrer de todos aqueles anos, eu tinha sido condicionado a sentir vergonha de qualquer coisa que me fizesse bem, que me ajudasse a sobreviver. Se guardasse algo para mim, estava furtando do Reich — então eu sempre olhava por cima do ombro, quando pegava algo. Mesmo naquele momento, em que os generosos soldados estadunidenses demonstravam grande satisfação em nos oferecer tudo o que podiam, continuávamos nos comportando como se esperássemos que toda aquela sorte se esvaísse, desaparecesse a qualquer instante, como se fosse um sonho maravilhoso do qual a pessoa sabe, em algum lugar no fundo da mente, que em breve terá que despertar.

Os estadunidenses entendiam que a melhor maneira de tratar os casos mais agudos de inanição e disenteria era com transfusões de sangue, o que foi feito, em grande escala. Muitos desses soldados que chegaram ao campo acabaram num leito hospitalar, por alguns minutos, doando sangue, para que mais de nós, prisioneiros indefesos, conseguíssemos sobreviver.

Uma epidemia de tifo havia assolado Buchenwald, e ainda estava em curso, quando nossa libertação ocorreu. Os estadunidenses foram muito corajosos ao se expor à doença, e alguns foram infectados; felizmente, eles dispunham de bons estoques de novos medicamentos à base de sulfa, próprios para curar o tifo; por isso, a epidemia não causou tanta aflição em muitos deles, como tinha causado em nós. E foram aqueles medicamentos que salvaram Ivar, sem sombra de dúvida. O tifo tende a afetar a memória; então, pelo resto da vida, Ivar teve dificuldade de se lembrar daqueles dias, embora ainda se mantivesse perspicaz e vigoroso setenta anos depois.

O segundo dia da nossa libertação foi sombrio para os estadunidenses, que tanto trabalhavam para nos ajudar e, por sua própria conta, compensar a provação pela qual tínhamos passado. Embora realmente não entendêssemos muito do assunto, ficamos cientes do falecimento, naquele dia, 12 de abril de 1945, de seu líder e comandante: Franklin Delano Roosevelt, o presidente que liderou os Estados Unidos na ocasião do ingresso e no decorrer da Segunda Guerra Mundial.

Sem Franklin Roosevelt e o esforço de guerra estadunidense por ele criado e comandado durante todos os anos em que estive preso, eu jamais teria sobrevivido para contar história.

CAPÍTULO 41

Os bons alemães de Weimar

Depois de ver os horrores perpetrados num campo de concentração próximo a Buchenwald — Ohrdruf, libertado alguns dias antes — e de constatar o que ocorreu em Buchenwald, o General Eisenhower decidiu exigir que civis alemães residentes em vilarejos e cidades próximas — quaisquer civis num raio de quarenta quilômetros — testemunhassem o que seu amado Führer, bem como os próprios filhos, maridos e irmãos haviam feito.

Os residentes, em sua maioria cidadãos mais velhos e supostamente respeitáveis, vestiram seus trajes de domingo para o evento. Formaram uma fila, comprida e sinuosa, que se estendia por oito quilômetros, desde os arredores de Weimar, até o campo de concentração e além. O "passeio" foi projetado para não deixar nada a cargo da imaginação. Os civis foram forçados a ver as pilhas de cadáveres esqueléticos e embolados ao lado do crematório, e os ossos parcialmente carbonizados ainda dentro dos fornos. Viram os barracões horrendos onde ficamos detidos, todos aqueles anos, cinco internos em cada prancha de madeira. E foram obrigados a inalar o ar de Buchenwald: o fedor insuportável de carne humana em decomposição e do dilacerante cloro em pó; a fedor de 21 mil homens, todos comendo, urinando, defecando e definhando no mesmo espaço reduzido.

Como vivíamos daquele jeito havia tantos anos, tínhamos nos habituado ao ambiente fétido e ao horror do que passou a ser a nossa vida. Mas aqueles bons cidadãos alemães, tão asseados e bem-arrumados, com chapéus vistosos e casacos de lã, caminharam por aquele local feito estátuas de cera, mal conseguindo assimilar o que viam.

Alguns deles choravam e soluçavam de tristeza e descrença. Algumas das mulheres desmaiaram ao ver e sentir o cheiro de tanto horror, tanta morte num só lugar.

À medida que os alemães avançavam, naquela fila vagarosa e sombria, ocorreu-me que, muito tempo atrás, assim éramos minha família e eu. Seria perfeitamente natural que meus pais usassem roupas como as que aquelas pessoas vestiam, e caminhassem do mesmo jeito. Lembrei que, mesmo depois de todos aqueles anos sendo espancado e passando fome por ser judeu, eu tinha sido, um dia, um alemão comum — tal qual aqueles indivíduos, agora abalados e cheios de culpa, subindo a colina, vindo de suas casas confortáveis e de suas vidas alemãs, ordeiras e austeras.

Capítulo 42

Enterrando os mortos

Quando o campo de concentração foi libertado, havia pilhas e mais pilhas de corpos do lado de fora dos crematórios, para serem incinerados. Os alemães fugiram antes de terminar o trabalho de se livrar de todas aquelas centenas de vítimas. Os cadáveres que tinham ficado dentro do nosso barracão, cadáveres ao lado dos quais dormíamos, também foram enfim levados para a luz do dia.

As notórias imagens de todos aqueles defuntos esqueléticos e embolados constituem, para muita gente hoje em dia, a faceta pública da libertação de Buchenwald.

Os corpos de vários internos, inclusive daqueles que tinham comido até morrer, também jaziam insepultos, desde o dia da libertação. Ainda morriam, diariamente, cerca de quarenta prisioneiros, fosse de tifo, disenteria ou inanição, embora todos os esforços possíveis para salvá-los estivessem sendo empregados.

Os mortos foram depositados, fileira após fileira, num enorme terreno baldio. Alguns, que morreram enquanto os alemães ainda estavam no comando, jaziam despidos e expostos às intempéries, suas vestes tendo sido arrancadas pelos guardas, ou até mesmo por outros presos. Os mortos mais recentes ainda vestiam suas próprias roupas esfarrapadas: alguns trajavam os uniformes de listras cinzas e azuis dos detentos judeus, como eu, oriundos de outros campos; outros vestiam roupas civis, usadas por prisioneiros de guerra ou presos políticos.

Seria impossível identificar a maioria daqueles corpos, sobretudo porque, no caso de muitos deles, a morte ocorrera havia uma semana ou mais, e a decomposição tinha sido rápida, pois crânios e ossos já se projetavam na pele enquanto o indivíduo ainda definhava. Havia também o problema do tifo e outras enfermidades — urgia fazer algo a respeito de todos aqueles corpos em estado de putrefação, o quanto antes. Então a única coisa a fazer era enterrá-los numa imensa vala comum.

O Exército dos Estados Unidos trouxe escavadeiras, e uma vala gigantesca foi escavada, num terreno próximo. As escavadeiras, então, empurraram os cadáveres, numa grande pilha, todos embolados. Não havia outra maneira de fazê-lo. Mas foi pavoroso.

Os estadunidenses reuniram os prisioneiros que quiseram assistir ao culto-memorial. Lembro-me do enorme monte de terra diante de nós, onde todas aquelas pessoas que antes viviam — que se acotovelavam ao meu lado para receber pão — agora descansariam para sempre.

O Rabino Schacter leu a versão do *Kaddish* que se destina a um funeral, diante do túmulo de um judeu morto. A oração diz, essencialmente, que embora essa pessoa — no caso, centenas de pessoas — tenha sido levada pela morte, ainda cremos em Deus.

Marcamos presença, e recitamos as palavras.

Mas, para mim, aquilo simplesmente não era verdade.

Como poderia um Deus — acima de tudo, um Deus judeu — criar um mundo em que toda aquela gente, todos aqueles judeus, minha mãe, meu pai e mais dezesseis membros da minha família, foram capturados e exterminados, para o mundo todo ver?

Como poderia um Deus ter me feito passar por tudo aquilo? E, depois, ter me deixado sozinho no mundo, sem família, sem educação formal, sem dinheiro, sem casa e sem país?

Eu estava vivo. Isso era tudo. E não via muito o que agradecer a Deus, sinceramente. Se havia alguém a quem agradecer minha sobrevivência, depois de todos aqueles anos de angústia e fome, esse alguém era eu mesmo. Apenas aquele rapazinho franzino e sabichão, de dezesseis anos, Heinz Adolf Oster.

Mais tarde, tomei conhecimento de que, de todas as crianças judias nascidas na Alemanha que haviam desaparecido nos campos de concentração durante a guerra — centenas de milhares de jovens judeus, egressos da Alemanha e de outros países de língua alemã —, eu pertencia a um "clube" muito exclusivo. Os judeus de língua alemã eram, em sua maioria, alemães ou austríacos, lógico, e talvez alguns checos ou lituanos, e tinham sido arrebanhados logo nos primeiros anos do Reich, quando os nazistas iniciaram sua campanha de morte. Isso significava que, de todos os judeus presos, os de língua alemã ficaram detidos por mais tempo. E, portanto, tiveram chances bem menores de sobreviver.

Disseram-me que, de todos aqueles milhares de meninos judeus-alemães forçados a ingressar nos campos, apenas dezoito conseguiram sobreviver.

Número insuficiente para lotar uma única sala de aula.

Não muito depois da nossa libertação, representantes da Cruz Vermelha Internacional entrevistaram cada um de nós, tentando entender nossa situação pessoal e registrar quem éramos, de onde tínhamos vindo, e saber se ainda contávamos com algum parente vivo.

Capítulo 43

Meninos no alojamento

À medida que aumentavam, pouco a pouco, nosso vigor e sensação de segurança, naqueles primeiros dias de liberdade, começamos a nos tornar um tanto rebeldes, do jeito que só os adolescentes sabem ser. Àquela altura, éramos uma gangue meio incontrolável de rapazes. Não tínhamos noção de decoro nem de boas maneiras. Éramos como um bando de meninos perdidos que foram criados por lobos — lobos detestáveis — e, então, subitamente, empurrados de volta ao convívio com a sociedade. Alguns psicólogos, que mais tarde estudaram nosso caso, expressaram a opinião de que talvez fosse impossível nos resgatar; que talvez tivéssemos ficado tão abalados emocionalmente que todos nos transformaríamos em psicopatas, sem qualquer conexão com a sociedade e sem qualquer sentimento por qualquer pessoa, exceto nós mesmos.

É difícil assustar um menino depois que ele enfrenta fome, doença, brutalidade e, no meu caso, um pelotão de fuzilamento com metralhadoras. Éramos os fortes, os que sobreviveram. Qualquer um mais fraco do que nós simplesmente havia sucumbido. Portanto, depois de nos juntarmos, bem nutridos com a boa comida dos soldados estadunidenses, começamos a nos tornar um bando de garotos desnorteados pela testosterona.

Se não gostávamos de alguma coisa, gritávamos para expressar nosso descontentamento. Quando não estávamos enfiando comida na boca, estávamos escondendo alimento nas dependências do campo. Com toda aquela nutrição inusitada fluindo em nosso organismo, nossos hormônios começaram a se afirmar, de variadas maneiras. Eu estava me transformando, de menino em homem, num ritmo acelerado, agora que meu corpo dispunha de um excesso de calorias.

E eu não era o único. Diariamente, no alojamento, quase todo garoto acordava com uma imponente e orgulhosa ereção, pronto para saudar o novo dia. Durante anos, tínhamos vivido amontoados, cinco de nós em cada estrado de madeira. Invariavelmente, tínhamos ficado nus juntos. Vivíamos cercados de homens nus, vivos ou mortos, havia anos, assim, na época, não nos restava muita vergonha nem constrangimento na companhia um do outro.

Criamos nossa própria competição. Enquanto corríamos pelo alojamento, de manhã, cada um de nós exibindo seu orgulhoso e circuncidado pênis, decidimos verificar quem era o mais forte.

Um por um, pegávamos um pequeno balde e tentávamos erguê-lo, usando apenas nossas vigorosas ereções. Para tornar a coisa mais difícil — na verdade, um balde vazio não constituía grande desafio —, passamos a enchê-lo com água. Quem conseguisse segurar o balde por mais tempo, enquanto o enchíamos com água, era o campeão da manhã.

Como me saí naquela competição esdrúxula? Digamos apenas que tive meus bons momentos.

A SS e os pastores-alemães tinham ido embora, mas isso não queria dizer que a vida nos alojamentos já não era perigosa. Estávamos em plena zona de guerra, cercados de soldados embrutecidos e resilientes, de posse de armamento letal de todo tipo. E, assim como meus amigos e eu fazíamos, em Colônia, quando saíamos em busca de estilhaços após os ataques aéreos, os meninos do alojamento costumavam meter o bedelho em qualquer coisa que parecesse empolgante, viril e arriscada.

Não éramos os únicos judeus ali interessados em armas. Cerca de uma semana depois da nossa libertação, um pequeno grupo de judeus jovens e sisudos veio conversar conosco, em iídiche. Eram sujeitos robustos e saudáveis — evidentemente, não tinham ficado detidos em nenhum campo de concentração. Foram bastante discretos, mas insistiram em nos perguntar onde poderiam encontrar pistolas, munições ou qualquer outro tipo de armamento. Mais tarde, descobrimos que eram judeus palestinos, integrantes da Haganah, nos primórdios das forças de guerrilha israelenses, e estavam coletando armas, por toda a Europa, para a batalha que, bem sabiam, seria iminente, em virtude da fundação de Israel na Palestina.

Nós mesmos não dispúnhamos de armas, mas, ainda assim, não faltavam meios de alguém se ferir. Lembro-me de um pobre garoto, natural de Viena, um dos poucos nativos de língua alemã, que conseguiu se apoderar de um sinalizador germânico, obtido em algum local do campo de concentração. Ele sabia que dentro do sinalizador havia um pequeno paraquedas que era ejetado para que o sinalizador flutuasse no ar, depois de ser disparado. Todos tínhamos visto aquelas chamas em ação, iluminando Auschwitz, ou Buchenwald, sempre que havia uma fuga ou qualquer comoção à noite.

O garoto começou a mexer com o sinalizador, sentado no beliche, tentando descobrir como desmontá-lo. Enquanto cutucava, ele apoiou o cano do sinalizador contra o próprio corpo. O sinalizador disparou diretamente no seu estômago. O menino morreu na hora e suas entranhas se espalharam por todo o quarto, devido à explosão.

Tudo por um pequeno paraquedas.

CAPÍTULO 44

Mais uma viagem de trem

Depois de cerca de um mês e meio de tédio crescente — quando apenas vagávamos por Buchenwald, sem fazer ideia do que aconteceria conosco —, a Oeuvre de Secours aux Enfants, ou OSE, uma organização judaica internacional, encarregou-se de nós e cuidou dos preparativos para nos deslocar até os vários países que estavam dispostos a nos acolher, pelo menos temporariamente.

Fomos obrigados a permanecer em Buchenwald por vários motivos. Primeiro, a guerra ainda prosseguia, embora o combate ocorresse cada vez mais a leste, à medida que estadunidenses e britânicos encurtavam a distância que os separava de Berlim, bem como do exército russo, que avançava para o oeste, com o objetivo de encontrá-los. E segundo... Bem, os Aliados, na verdade, não sabiam o que fazer conosco.

A maioria de nós não tinha família, nem casa, nem mesmo um país para onde regressar. Precisávamos ser abrigados, alimentados, educados e, então, auxiliados a encontrar um lugar num mundo que vinha sendo destruído pela guerra havia seis anos. Sem mencionar o fato de que havia centenas de milhares de refugiados de guerra — os estadunidenses os chamavam de DPs, "displaced persons" (pessoas deslocadas) —, definhando em abrigos espalhados por toda a Europa, expulsas de sua casa, e muitas vezes de seu país, em consequência da devastação promovida por aquele conflito insano e generalizado.

Havia àquela época cerca de mil meninos judeus órfãos ainda em Buchenwald, pois o local tinha se tornado um ponto de agrupamento para meninos judeus libertados de outros campos localizados na Polônia e na Alemanha.

A Suíça se ofereceu para ficar com 280 de nós. A Inglaterra aceitou 250. A França levou o restante, 427 no total. O Rabino Schacter foi designado para acompanhar o grupo que iria à Suíça, e outro capelão estadunidense, o Rabino Robert Marcus, ficou encarregado do nosso grupo durante a viagem à França.

Numa bela manhã, no início de junho, fomos informados de que partiríamos de Buchenwald de vez. Embarcaríamos num trem que nos conduziria para o oeste.

Empacotei meus poucos pertences: uma muda de roupa e algumas bugigangas, pequenas lembranças que eu havia catado, em Buchenwald, desde nossa libertação.

Mais uma vez, fui levado para um trem, com o restante dos meus companheiros órfãos. Eu não fazia a menor ideia do lugar para onde estávamos indo, nem onde acabaríamos, nem se as coisas melhorariam ou piorariam.

Depois de todos aqueles anos sendo transportado feito gado, de lugares ruins para lugares ainda piores, eu havia desenvolvido um medo avassalador do desconhecido. Meu instinto me dizia para continuar onde estava, se isso fosse humanamente possível, porque eu não tinha como saber o que enfrentaria em qualquer outro lugar. Eu teria que lidar com caras novas, gente nova, um país novo e outro novo idioma.

Eu tinha conseguido, finalmente, me sentir mais ou menos seguro em Buchenwald, pela primeira vez em muitos anos. Não queria ir embora. Mas não tive escolha. Nenhum de nós teve. A OSE estava encerrando as atividades no que tinha se tornado nosso recanto seguro naquele lugar, e os russos estavam prestes a assumir o controle do campo. Buchenwald se situava numa região que se tornaria a Alemanha Oriental, sob a autoridade dos russos, e nossos cuidadores da OSE sabiam que estaríamos bem melhor no ocidente, em qualquer lugar no ocidente, do que no imprevisível Leste Europeu dominado pelos soviéticos.

O pessoal da OSE, em sua maioria jovens judeus, homens e mulheres, tentava sempre nos ajudar e zelar por nós. Pareciam ter as melhores intenções. Alguns meninos se mostravam animados com a viagem que estávamos prestes a fazer, ou, pelo menos, agiam como se assim fosse; ninguém queria parecer medroso perante seus companheiros "machões" e competitivos. No entanto, por mais que o estafe da OSE me garantisse que tudo daria certo, embarquei naquele trem como um gato que entra num barco que está afundando. Eu estava apavorado.

Um trem tinha levado minha família e a mim para Łódź. Um trem levou minha mãe e a mim para Auschwitz. E um trem me levou — sendo eu o único sobrevivente da minha família — para Buchenwald. Pode parecer loucura, mas eu não estava nada animado com a ideia de embarcar em outro maldito trem.

Minha nova vida — a vida atemorizante e totalmente desconhecida que se descortinava diante de mim — jazia no fim daquela viagem de trem. Minha antiga vida — a vida do garoto que havia perdido quase tudo que um ser humano pode perder — chegava ao fim.

Enquanto nos afastávamos do entroncamento da ferrovia de acesso a Buchenwald — o mesmo por onde eu havia chegado quase morto apenas alguns meses antes —, tentei olhar para trás, visualizando aquele lugar, para dizer adeus, à minha própria e aturdida maneira.

O que eu vislumbrava, ao esticar o pescoço para fora da janela, contemplando aquelas torres de guarda tão cruéis, a lama e o arame farpado de Buchenwald, era algo totalmente diferente. De súbito, percebi que estava testemunhando o fim do menino espancado, esfomeado e perseguido que eu tinha sido por tantos anos. Aquilo era o fim do fedor, da fome e do horror.

Eu tinha morrido de muitas maneiras, mas a mente e o corpo do que antes se chamava Heinz Oster ainda operava, ainda pensava dentro da minha cabeça, ainda pulsava no meu coração, ainda respirava no meu peito. Percebi, tanto quanto um garoto de dezesseis anos seria capaz de perceber, que, embora os nazistas tivessem maltratado o meu corpo, eu jamais me entreguei. Nem minha humanidade. Nem meu nome e minha alma. Ainda era eu mesmo. Ainda era Heinz Adolf Oster.

Capítulo 45

A viagem de volta à vida

À medida que o trem acelerava, rugindo pelo interior queimado e devastado da Alemanha, fui, lentamente, me livrando do medo. Comecei a ansiar pela minha nova vida, embora não fizesse ideia de como seria.

A comida era farta, a maior parte entregue pelos soldados estadunidenses, enquanto nos preparávamos para deixar o campo de concentração. Cada um de nós recebeu uma cesta de provisões, que deveria nos sustentar durante a viagem de trem.

Lembro-me de que havia biscoitos, que foram distribuídos a alguns dos meninos, uma enorme cesta de biscoitos. Os soldados presumiram que nós, como qualquer outro grupo civilizado de meninos, compartilharíamos os biscoitos. Mas compartilhar era algo que havíamos desaprendido, ao longo dos anos, nos campos de concentração. Se alguém tivesse acesso à comida, guardava-a, ou só a dividia com a família, ou com os amigos mais próximos. Quando a pessoa não sabe se vai comer no dia seguinte, qualquer alimento obtido se torna a coisa mais preciosa do mundo.

Foi preciso reaprender a compartilhar. Foi preciso finalmente constatar que, de fato, haveria comida suficiente no dia seguinte, e que, caso cedêssemos hoje um pouco do que era nosso, era bastante provável que amanhã alguém compartilhasse algo conosco.

Como havia falta de roupas em bom estado, em tamanhos adequados para os meninos menores, alguns de nós receberam peças sobressalentes de uniformes da Juventude Hitlerista, com as insígnias removidas, peças obtidas pela OSE em algum lugar na Alemanha ocupada. Sem dúvida, nosso trem transportava um estranho grupo de passageiros: jovens rebeldes e desordeiros, aparentemente em férias, viajando por lazer pelo interior, trajando os detestados uniformes nazistas.

✳

Àquela altura, o trem já havia se transformado numa espécie de teatro móvel. Viajávamos por uma Alemanha miserável e derrotada, e, depois de todos aqueles anos de esqualidez e cativeiro, estávamos livres. Se alguém podia ser considerado o vencedor em meio àquele caos, nós seríamos esse alguém, pois nos sentíamos, pela primeira vez depois de anos, um pouco mais como vencedores do que perdedores.

Algumas crianças escreveram mensagens, com giz, na lateral externa do trem. Todos nós, gradualmente, chegávamos à conclusão de que as chances de revermos nossas famílias eram bem remotas. E isso em nada contribuiu para abrandar a raiva que muitos sentíamos dos alemães e do mundo, de modo geral. Como era possível que um mundo dito civilizado permitisse o que havia acontecido conosco, com nossos irmãos, nossas irmãs, nossos pais e nossas mães?

Um menino, um polaco de Łódź chamado Joe Dziubak, rabiscou uma triste pergunta na lateral externa do vagão em que viajava: "Cadê nossos pais?", indagava, em um alemão com desvios ortográficos. Centenas de alemães, observando nosso trem a caminho da França, foram forçados a responder mentalmente àquela pergunta.

Num sentido mais amplo, óbvio, a pergunta era bem mais simples: "O que você fez, Alemanha? O que foi que você fez?"

Outros garotos escreveram mensagens aviltantes: "Hitler Kaput", "Hitler derrotado", era uma das preferidas.

Quando o trem fez uma parada, alguns meninos saíram correndo dos vagões e cortaram galhos de árvores nas proximidades. Enquanto cruzávamos a zona rural, eles acenavam com os galhos e saudavam qualquer um que lhes desse atenção.

A viagem transcorreu em ritmo lento. O condutor e o maquinista tinham recebido ordens de parar o trem e permitir que corrêssemos em liberdade pelas campinas, sempre que desejássemos, e nós queríamos parar e correr, sempre que possível. Estávamos redescobrindo tudo. Era como se sentíssemos tudo pela primeira vez. Senti a relva úmida entre os dedos, inalei o ar puro e senti a brisa no rosto. Fiz uma pausa para contemplar as nuvens que corriam pelo céu. Estar ao ar livre, sozinho, era como correr por terras em total liberdade.

Alguns meninos aproveitaram para pegar qualquer coisa que caísse em suas mãos. Era marcante a sensação de que tínhamos direito, de algum modo, àquilo que nos foi negado por tantos anos. Os meninos voltavam para o trem com tesouros de todos os tipos — sobretudo comida, mas, praticamente, qualquer coisa considerada importante. Lembro que um dos meninos húngaros conseguiu um violino — sem dúvida, furtado de alguma casa alemã abandonada — e o tocou, horas a fio, enquanto o trem avançava.

Vistos do mundo exterior, tínhamos a mesma aparência: meninos esfomeados, brutalizados, com a cabeça raspada e uniforme esquisito. Mas, para nós, as diferenças eram muitas. Vínhamos de países diversos. Falávamos idiomas diferentes. A maioria dos poloneses falava iídiche e polonês, enquanto os húngaros só falavam húngaro. E estávamos todos emocionalmente exauridos. Não tínhamos noção de como as outras pessoas se sentiam, nem de como nos comportar numa sociedade funcional. Estávamos assustados, desconfiados e paranoicos.

Mesmo com toda aquela alegria e liberdade recém-descobertas, havia bastante discórdia, geralmente entre poloneses e húngaros. Eles não conseguiam se comunicar entre si, e todos tínhamos aprendido nos campos de concentração a agarrar o que conseguíssemos, a despeito da maneira como nossas ações afetassem outra pessoa. Mesmo com toda fartura de comida e disponibilidade de roupas, seguíamos com receio, no fundo do coração, de que aquela situação não durasse muito tempo, e achávamos que o único jeito de permanecermos vivos era pegar qualquer coisa que pudéssemos, e nos agarrarmos àquilo como à nossa própria vida.

Depois de três dias de uma viagem repleta de breves interrupções — o sistema ferroviário ainda estava caótico, em consequência dos danos causados durante os combates —, chegamos, finalmente, à fronteira da Alemanha com a França. Jurei a mim mesmo que nunca mais poria os pés na Alemanha. Dirigi um demorado e derradeiro olhar ao país que havia me traído, enquanto o trem chacoalhava aos guinchos França adentro.

Percebi, então, com um calafrio, que eu era um menino sem pátria. Estava, absoluta e inquestionavelmente, sozinho.

A maioria das pessoas tem um lar — um lugar onde foram criadas, um lugar conhecido para onde voltar e buscar aconchego, para rever velhos amigos, a família. Para redescobrir identidades e origens. Eu não tinha nada. Absolutamente nada.

Muita gente maravilhosa estava fazendo o máximo para nos apoiar, para nos auxiliar naquele momento de recuperação, para compensar todos os horrores que tínhamos enfrentado e para nos ajudar a lidar com o que estava por vir. Mas não se pode restituir um lar que desapareceu da face da terra, um lar que simplesmente não existe mais. Não se pode restituir uma família que foi assassinada. Não se pode recriar um modo de vida, depois que ele foi esmagado, queimado e enterrado.

Sim, eu estava vivo. Mas tudo o que eu tinha sido, quase todos que havia conhecido, desaparecia na fumaça que exalava da locomotiva do nosso trem, no encalço de cinzas e poeira logo atrás, no rastro vindo da Alemanha.

Estávamos na França agora. Contentes de estar ali. Mas a ocasião não foi tão alegre como esperávamos. Os civis franceses, cansados da guerra, vendo aqueles jovens que gritavam e celebravam, pendurados nas janelas do trem, muitos trajando uniformes reaproveitados da Juventude Hitlerista, acharam que éramos todos nazistas sendo transportados para a França, um país que estes haviam violentado e brutalizado. Sem saber que nós, também, éramos vítimas dos nazistas, os franceses até tentaram atacar o trem. Fomos obrigados a pernoitar num entroncamento, nas cercanias da cidade de Metz, para evitar as turbas francesas que acorreram às diversas estações ferroviárias ao longo do caminho.

Os líderes da OSE entraram em pânico. A última coisa que eles queriam era que nosso trem fosse interceptado e os jovens sob seu encargo, ameaçados, ou mesmo espancados por conta de uma tolice, um mal-entendido quanto aos uniformes que vestiam.

Mais que depressa, eles rabiscaram as palavras "KL Buchenwald órfãos" nas laterais dos vagões, para evitar qualquer confusão no futuro — KL sendo uma abreviatura do termo alemão *Konzentrationslager*, ou "campo de concentração". A mensagem foi rabiscada numa mistura de alemão e francês: "KL Buchenwald Waisen (orphelins)".

Durante toda a longa jornada de trem, Ivar e eu permanecemos juntos, formando nossa própria fraternidade. Éramos amigos, lógico, como irmãos, que haviam passado por tanta coisa juntos. E éramos dos poucos garotos a bordo que falavam alemão — os outros meninos ainda nos chamavam de *Yekkes*, que significa "alemão" em iídiche. A fim de evitar conflitos, sempre que alguém podia nos ouvir, tentávamos falar iídiche, para não incitarmos a desconfiança dos nossos jovens e impetuosos companheiros. E não era nada difícil imaginar como seríamos tratados, caso a notícia se espalhasse de que, na verdade, éramos alemães.

Demorou mais um dia para chegarmos a Les Andelys, uma linda cidadezinha, com imponentes falésias de granito, às margens do rio Sena, na Normandia, a cerca de oitenta quilômetros a noroeste de Paris. De lá, fomos levados por um comboio de ônibus até Ecouis, situada mais ou menos a dezesseis quilômetros ao norte.

Capítulo 46

Bem-vindos ao sanatório

A OSE e a Cruz Vermelha Internacional providenciaram para que residíssemos na zona rural da Normandia. Nosso novo lar era um sanatório abandonado, numa propriedade isolada. O local tinha sido administrado por freiras antes da guerra. As pessoas encarregadas de preparar Ecouis foram instruídas a recepcionar 427 meninos. Mas ninguém lhes tinha informado que poucas crianças haviam sobrevivido a qualquer um dos campos de concentração. Então, em vez de "meninos", os que nos esperavam se depararam com um bando de adolescentes de cabeça raspada, malcriados e mal-educados.

Na melhor das hipóteses, adolescentes costumam ser bem temperamentais e rebeldes. Se alguém quiser inventar uma receita para criar seres humanos mal-humorados, inconformados, incompreendidos, um bom começo é fazer com que a nação, a família e a etnia destes sejam destruídas, enquanto o mundo parece estar de braços cruzados.

Para aqueles adolescentes revoltados — a exemplo de tantos adolescentes, ao longo de toda a história da humanidade —, pouco importava que as autoridades, em Ecouis, fossem pessoas amáveis, fazendo o possível para ajudar. Aqueles meninos sabiam que seus pais tinham sido capturados à força, e provavelmente mortos, e que sua própria vida jamais seria a mesma. O mundo talvez se recuperasse e seguisse em frente, mas, para um jovem judeu, esquálido e de cabeça raspada, sem dinheiro, sem educação formal, sem família e sem nação, era natural sentir que as coisas ainda estavam por demais sombrias. E sentir também muita revolta.

Fomos alojados em grandes dormitórios, com cerca de 25 meninos em cada quarto. Foi a primeira vez que dormi numa cama de verdade, com molas, em vez de um estrado de madeira, desde que minha família e eu tínhamos sido removidos do nosso apartamento em Colônia. Agora não parece muito, mas na época foi um grande evento. Aquilo fez com que eu me sentisse menos um prisioneiro, um número, um objeto, e mais um ser humano.

A Cruz Vermelha Internacional nos ofereceu roupas novas, para substituir os uniformes infestados de piolhos que usávamos. Até hoje, ainda tenho duas peças do uniforme listrado que usei o tempo todo nos campos de concentração, em Auschwitz e Buchenwald; em Buchenwald, encontrei um bibico militar germânico que resolvi usar porque minha cabeça estava raspada. Sem cabelo, a cabeça esfria facilmente. Na célebre foto do Rabino Schacter com todos os meninos libertados em Buchenwald, lá estou eu, de costas para a câmera, usando o tal ridículo bibico na cabeça.

Tenho duas fotos minhas tiradas em Ecouis, nas quais ainda estava usando aquele bibico. Acho que, para quem não possui nada, qualquer objeto adquire certa importância. Era algo ao qual podia me agarrar, a despeito de aonde fosse levado, ou do que acontecesse.

Foi nos dado uma comida deliciosa, como só os franceses estariam aptos a preparar. Lembro-me de que cada um de nós recebeu a própria caneca de lata e de que em todas as refeições — até mesmo no café da manhã — nos serviam um maravilhoso vinho tinto francês. Éramos garotos pobres e desprovidos de lar, abrigados num orfanato para refugiados. Mas estávamos na França; portanto, não poderíamos fazer uma refeição sem vinho tinto. Que país!

No início, não sabíamos, de fato, o que fazer com o vinho — nunca havíamos provado bebida alcoólica. Foi um grande impacto, sair de uma situação de fome e chegar àquela enxurrada de sensações novas e intensas, de experiências maravilhosas.

Nossos corpos estavam sendo cuidados, mas ainda havia muita infelicidade em nossos corações. Não recebemos nenhum tipo de aconselhamento pessoal. E embora estivéssemos bem-alimentados e bem-vestidos — tão bem quanto qualquer pessoa poderia esperar —, a ansiedade ainda era grande. Mas tocávamos nossa vida adiante. Naquele tempo, "transtorno de estresse pós-traumático" ainda não havia se tornado termo corrente, mas acho que, se alguém ao longo da história da humanidade já padeceu desse transtorno, com certeza seríamos nós.

Embora tivéssemos visto muitos daqueles outros meninos antes, em Buchenwald, dispúnhamos agora, finalmente, de tempo e energia para nos aproximar uns dos outros e fazer amizades.

Nenhum de nós sabia para onde iríamos nem o que aconteceria conosco quando crescêssemos e tivéssemos que deixar aquele lugar de paz e fartura. Então, consolidamos amizades, compartilhando nossa apreensão quanto ao que haveríamos de fazer com o restante de nossa vida. Todos aguardávamos alguma notícia da Cruz Vermelha, que trabalhava ininterruptamente, tentando reconectar as famílias devastadas e destroçadas que a guerra havia legado à toda a Europa.

Hoje em dia, tal tarefa seria viabilizada com o aporte de computadores e da internet, criando-se um banco de dados central e, em seguida, ajudando as pessoas a se encontrar e se reconectar. Mas, naquela época, tudo precisava ser feito por meio de cartas entregues em mãos, ou enviadas por correio, e tudo num continente bombardeado, assolado pela fome, violado e dilacerado por seis anos de guerra. Creio que a Cruz Vermelha precisou abrigar bem mais de 300 mil sobreviventes do Holocausto, além de lhes propiciar um meio de integração.

✴

Para nós, garotos sem lar, alojados em Ecouis, foi uma espécie de agonia lenta, o tempo de espera para obter alguma notícia de nossa família — se ainda tivéssemos uma. Todos esperávamos por alguém que nos quisesse.

E, para muitos de nós, isso simplesmente jamais aconteceria.

O único mundo que conhecíamos havia desaparecido. Éramos os poucos que haviam sobrevivido. Mas, depois de um tempo, mesmo esse fato não contribuiu para aliviar a dor de não termos ninguém que nos quisesse. Imagine saber que, na verdade, ninguém em todo o planeta se importa com você.

Ivar e eu éramos praticamente inseparáveis naquela época. Ele não tinha ninguém, eu tampouco; então nos aproximamos ainda mais, como se fôssemos irmãos.

A certa altura, foi solicitado a todos que declarássemos nosso país de origem — e o país para o qual gostaríamos de ir. Escolhi a Palestina, um lugar onde um refugiado como eu seria bem-vindo. Eu sonhava em ir para os Estados Unidos, mas isso parecia fora de questão. Durante anos, minha família tinha tentado emigrar para lá, mas nunca surgiu o momento propício, nem o dinheiro necessário, nem a oportunidade; sendo assim, que chance teria eu, um garoto sem um tostão no bolso e sem educação formal, de tornar tal sonho realidade?

O sanatório adaptado, em Ecouis, nunca foi concebido para servir de lar permanente para ninguém. Todos sabíamos que aquilo era apenas uma espécie de entreposto, a caminho de... Bem, não sabíamos qual seria nosso destino. E tarde da noite, quando se está sozinho na cama, isso, às vezes, é difícil de aceitar.

Um por um, com o passar do tempo, os meninos mais sortudos foram reconectados com membros sobreviventes de suas famílias, e nos despedimos. Ficávamos felizes por eles e desejávamos-lhes tudo de bom. Mas jamais tivemos notícia daqueles meninos, que simplesmente desapareceram, assim como muitos de nossos parentes e amigos haviam desaparecido anteriormente. Quanto ao restante de nós, a Cruz Vermelha e a OSE constataram que teríamos que reconstruir sozinhos nossa vida. Não tínhamos uma família ainda viva que pudesse nos resgatar.

Capítulo 47

Alguém de algum lugar

Alguns dos meus companheiros tiraram a sorte grande e saíram de Ecouis para morar com parentes distantes. Alguns amigos acabaram indo para o Canadá. Outros regressaram ao país de origem, e vários decidiram permanecer na França.

Para o restante do nosso grupo, a suposição era de que acabaríamos nos tornando cidadãos franceses, também, porque já estávamos na França, e esta havia se oferecido para nos acolher.

Foi o que aconteceu com Elie Wiesel, outro menino do bloco 66, e que esteve detido no "Campo Menor", nos últimos dias de Buchenwald. Ele era originalmente romeno, mas tendo decidido permanecer na França — que na sequência da guerra estava numa situação bem melhor do que a Romênia —, tornou-se cidadão francês. Como se sabe, ele veio a ser um escritor de renome mundial e vencedor do Prêmio Nobel da Paz. Naquela época, eu não conhecia Elie pelo nome — era apenas mais um dos "meninos de Buchenwald".

Para quem era polonês, por exemplo, ou lituano, como Ivar, não tinha sentido voltar. Quaisquer comunidades judaicas, bem como quaisquer estruturas sociais que existiam anos antes, haviam sido dizimadas pelos alemães. Se a família da pessoa ausente possuísse uma casa, seria provável que, quando lá voltasse, encontrasse a casa ocupada por alguém que tinha sido informado de que a propriedade lhe pertencia. Não havia, efetivamente, um lar ao qual regressar.

No meu caso, quando o cônsul polonês foi visitar Ecouis, informei ao seu estafe que era de Łódź, na Polônia. Eu não tinha nascido lá, mas morei no gueto de Łódź antes de ser forçado a ir para Auschwitz e Buchenwald. E depois de tudo que a Alemanha tinha feito comigo e com minha família — exterminada —, eu não tinha a menor vontade de ser reconhecido como alemão.

Isso me qualificou para obter um cartão de identificação, semelhante a um passaporte, que mostrava ao mundo que eu era alguém, de algum lugar. Meus amigos, inclusive Ivar, também receberam documentos de identidade, e isso nos propiciou um pouco mais de autonomia. Num mundo repleto de refugiados e ex-prisioneiros, um adolescente que falava alemão e não tinha documentos de identidade causaria grande desconfiança. Os cartões permitiam que nos aventurássemos além dos portões de Ecouis, e saíssemos pelo mundo com um pouco menos de apreensão.

A Embaixada da Polônia também deu quinhentos francos franceses a cada um de nós, para despesas gerais. De repente, até parecia que eu era rico.

CAPÍTULO 48

Como é a liberdade

D ispúnhamos de bastante tempo livre em Ecouis. Não havia como acelerar a fluência em francês; então os professores e conselheiros faziam o possível para nos atribuir tarefas úteis — ou pelo menos agradáveis —, com o objetivo de nos impedir de pensar no passado, ou em nosso futuro incerto.

Acabamos por realizar trabalhos manuais, artesanato com pedaços de compensado fino. Confeccionávamos coisinhas bobas, como moinhos de vento e figuras de meninas holandesas, com rabos de cavalo esvoaçantes.

Os professores, de início, separaram os meninos por faixas etárias. Era algo comum separar alunos por idade, e foi assim que nossos mentores organizaram o trabalho. O problema era que tínhamos origens diferentes, vínhamos de países diferentes, falávamos idiomas diferentes, o que quase sempre gerava conflitos entre os vários grupos. Consequentemente, nós mesmos nos organizamos e formamos o que os sociólogos reconheceriam como gangues, a fim de obter companheirismo e apoio mútuo. A dificuldade era forçar membros de gangues diferentes a dormir juntos, comer juntos e frequentar a escola juntos: simplesmente não funcionava.

Por fim, os professores perceberam que, se estávamos nos unindo e formando nossos grupos espontaneamente, não havia por que nos impedir. Então os garotos poloneses ficaram juntos, fossem eles mais jovens ou mais velhos. Os meninos húngaros se agruparam. Os garotos de mais idade, naturalmente, assumiram o papel de irmãos mais velhos, propiciando aos mais novos proteção e orientação.

Não tínhamos família. Mas estávamos formando ali nossa própria família. Ivar e eu éramos uma família. Não passávamos de dois meninos assustados que tinham algo em comum, por conta da nossa língua. E tudo em comum, por conta do que ambos tínhamos passado.

Do tempo que permanecemos em Ecouis, sobreviveram algumas outras fotos, retratando as minhas brincadeiras com Ivar e nossos pequenos objetos confeccionados em madeira. Quase parecemos garotos normais e felizes, sem nada mais com que nos preocupar, além de trabalhar madeira com uma serrinha.

Um belo dia, cansei de fazer o que os professores queriam que eu fizesse. Simplesmente, depois de certo tempo, aquilo tinha perdido o sentido. Nosso instrutor me disse para fazer o que eu bem desejasse. Mas eu não sabia o que fazer.

— Me diga como você se sentiu quando foi libertado — pediu.

Num primeiro momento, não o entendi.

— Me mostre como foi a sensação. Como foi, por dentro.

Lembrei-me daqueles últimos dias, sufocantes, no barracão do bloco 66, quando precisei respirar por uma janelinha junto ao telhado.

Lembrei-me daquele cheiro pavoroso que exalava dos corpos putrificados e do cloro. E disse ao instrutor que liberdade significava fugir para o ar livre, derrubar o muro entre mim e o ar, entre mim e o sol.

Fiz um trabalho tosco, em madeira, de um menino com os braços abertos, sentindo o sol e o ar, enquanto um muro cede à sua frente. Fiz um sol de plástico, pintado de amarelo, brilhando intensamente no céu, do outro lado do muro.

Capítulo 49

O bom navio *Exodus*

O movimento secreto para transportar judeus desabrigados, da Europa para a Palestina, chamava-se Bricha — "fuga", em hebraico —, e vinha ganhando impulso. Havia milhões de judeus presos em acampamentos de pessoas deslocadas. Após o Holocausto, o povo judeu sobrevivente estava determinado a ter um país próprio, de modo que nada do que havia ocorrido voltasse a acontecer. A maioria dos judeus não estava oficialmente autorizada a migrar para a Palestina, controlada pelos britânicos; portanto, uma coalizão clandestina de líderes e combatentes judeus, inclusive a Haganah, foi formada com o propósito de facilitar o "contrabando" de judeus deslocados para a região que mais tarde se tornaria Israel.

Eu não tinha um país para onde ir; sendo assim, quando os representantes da Bricha chegaram a Ecouis, com intenção de recrutar judeus para construir o país de Israel, eu me inscrevi.

Eu tinha uma passagem para ir da França até a Palestina, a bordo do navio *Exodus 1947*, que em breve se tornaria célebre.

O referido navio estava destinado a ser palco de uma batalha entre os judeus que queriam ir para a Palestina e as autoridades britânicas que, na época, eram responsáveis pela região. Os britânicos não queriam permitir a entrada de uma "enxurrada" de refugiados judeus, a maioria sem certificados legais de imigração. E os árabes e palestinos que viviam na Palestina tampouco apoiavam a ideia.

Mas a Haganah, a ala militar do movimento em prol da criação de Israel, pretendia forçar o mundo a encarar as injustiças que os judeus ainda sofriam. Então decidiu operar um velho navio de segunda mão, na rota entre a França e a Palestina, desafiando os britânicos a detê-lo à força e, nesse caso, expor ao mundo mais uma cena de judeus sendo maltratados e perseguidos.

À medida que nossa permanência se estendia, as autoridades de Ecouis decidiram que, se ficássemos estagnados ali por muito mais tempo, precisaríamos de uma profissão, e trataram de providenciar a educação formal necessária para sermos bem-sucedidos.

O que eu queria ser? Para iniciar minha formação, era preciso decidir o que eu pretendia fazer pelo resto da vida.

O que eu realmente queria era ser comediante.

No decorrer de todas as situações desesperadoras e de toda a insanidade pelas quais passei, eu sempre era aquele que tentava aliviar o clima pesado — tentava ver o lado cômico de qualquer cenário. Quando todos ao nosso redor estão em estado de depressão, de pessimismo permanente — no caso de nossos amigos e parentes, por motivos óbvios —, não é tão difícil ser o cara mais engraçado no recinto.

É óbvio que muito do meu bom humor tinha a ver com um fato simples: eu não sabia de nada. Eu desconhecia o grau de gravidade da situação.

As pessoas me diziam:

— Você é tão engraçado! Deveria ser comediante.

Ao longo dos anos, depois de tanto ouvir isso, comecei a acreditar. É certo que eu realmente não tinha nenhum talento nem habilidades concretas nesse sentido: uma coisa é fazer amigos e parentes rirem, mas é bem diferente encarar uma sala repleta de estranhos e fazê-los rir, dia após dia.

E os professores em Ecouis — a exemplo da maioria dos professores e pais mundo afora — não tinham tanta certeza de que a carreira de comediante seria viável para mim.

Não era minha primeira opção, mas comecei a me preparar para ser engenheiro civil, indivíduos que projetam e constroem pontes, estradas e túneis.

Eu não estava tão entusiasmado com a ideia. Talvez não fosse algo tão divertido quanto trabalhar em cabarés e casas noturnas, fazendo gente rir, sendo admirado pelas garotas na plateia.

Ou, pelo menos, era essa a minha fantasia.

Ao contrário de muitos outros garotos, eu sabia ler e escrever — em alemão, lógico; e em hebraico, que aprendi quando estudava clandestinamente para meu *bar mitzvah*. Mas, com certeza, não em francês. Eu tinha, mesmo, muito que aprender.

Então frequentei uma escola de engenharia civil. Por, exatamente, um dia.

Capítulo 50

O homem dos Estados Unidos

Quando voltei da escola de engenharia, na tarde do primeiro dia de aula, um senhor me esperava, um civil. Ele se apresentou e me disse ser vice-cônsul dos Estados Unidos junto à Embaixada dos Estados Unidos em Paris.

Em um francês que eu mal conseguia entender, ele contou que, graças às informações obtidas pela Cruz Vermelha a meu respeito, quando em Buchenwald — nomes e endereços de todos os parentes dos quais pude me lembrar —, haviam encontrado uma conexão.

Tinham anotado o nome do meu tio — Herbert Haas, um dos irmãos de minha mãe — e investigado minha recordação de que ele havia residido na Filadélfia.

— Devo lhe informar — disse o vice-cônsul — que o seu tio Herbert não mora mais na Filadélfia. Mesmo assim, ele encontrou o seu nome num jornal de Los Angeles. A Cruz Vermelha tem pedido aos jornais, mundo afora, que publiquem os nomes de sobreviventes, como você. Em Los Angeles, lá na Califórnia, há um jornal judeu chamado *B'nai B'rith*, que em hebraico significa "Filhos da Aliança". O seu tio se deparou com o seu nome no jornal. E está disposto a deixar você fazer parte da família; está se oferecendo para recebê-lo nos Estados Unidos, para morar com ele e a esposa.

Foi um momento que mudou a minha vida. Na verdade, aquele momento deu início à minha vida. Explodi de alegria. Alguém, em algum lugar, me queria. Depois de anos sendo abandonado por quase todo mundo e por todas as instituições que encontrei, eu mal conseguia crer que aquilo estava acontecendo. Quando o mundo inteiro parece virar as costas para um indivíduo, durante tantos anos, esse indivíduo começa a sentir, de alguma forma, que realmente não merece ser tratado como ser humano.

Depois de ser constantemente humilhado, de ser levado a me sentir inútil, durante tanto tempo, agora isso? Quase delirei de tamanha felicidade. Quem poderia imaginar que, depois de tudo o que tinha acontecido, eu acabaria indo para os Estados Unidos — um país repleto de pura fantasia, o país onde quase todas as pessoas do mundo queriam viver?

Era um milagre, assim como tantos outros que tinham acontecido comigo no decorrer dos anos.

Meus planos de ir à Palestina foram cancelados naquela mesma tarde. Eu não tinha o menor interesse em ir para um local onde poderia ocorrer outra longa guerra, fosse contra britânicos ou palestinos, quando, em vez disso, eu poderia ir para os Estados Unidos.

Acabei oferecendo minha passagem no *Exodus* a um amigo de Ecouis.

Embora eu agora soubesse para onde iria, ainda precisava descobrir como chegar lá. Não havia navios de passageiros partindo da França para os Estados Unidos imediatamente após a guerra. Todos os navios disponíveis estavam lotados de tropas estadunidenses e canadenses que voltavam para casa.

E, mesmo que houvesse um navio no qual embarcar, como poderia um órfão judeu, sem um tostão no bolso, pagar pela viagem? Eu não tinha dinheiro, nem meu tio Herbert, e nem minha tia Bertha. Meses ainda transcorreriam antes que eu pudesse pensar em chegar aos Estados Unidos.

Capítulo 51

Um homem livre em Paris

Visto que muitos meninos encontraram outros locais onde morar, Ecouis acabou sendo fechado, e diferentes grupos dos "Meninos de Buchenwald" foram encaminhados para outras instalações na França.

Entre todos os lugares, acabei numa propriedade que pertencia aos Rothschild, que já tinha sido a família mais rica do mundo ocidental. Eles se ofereceram para hospedar um grupo de órfãos, numa das diversas propriedades que a família possuía espalhadas por toda a Europa.

A ideia parecia ótima — até chegarmos lá. Acontece que, em vez de vivermos no esplendor de uma das mansões dos Rothschild, fomos jogados nas dependências dos empregados, escondidos nos fundos das instalações, onde convidados e pessoas da família jamais colocavam os pés.

As dependências da criadagem eram imundas e estavam caindo aos pedaços — e quando se ouve isso de alguém que sobreviveu a Auschwitz, convém acreditar. Acabei contraindo sarna, por causa dos catres precários e dos lençóis sujos. Sarna é causada por um ácaro que penetra na pele e se multiplica, provocando a pior coceira que se pode imaginar. Fiquei tão mal que precisei ser levado a um hospital em Paris, para tratamento.

Mas tal fato acabou pesando a meu favor — embora fosse difícil me convencer disso, na época, pois o tratamento consistia em um banho tóxico e ardente que eu precisava tomar duas vezes por dia, e que fez minha pele ficar roxa. Eu parecia um Smurf, cada vez que passava por aquilo.

A boa notícia foi que conheci uma adorável enfermeira francesa, chamada Carmen, durante o tratamento. Era uma das mulheres que me ajudavam na hora do banho; portanto, acho que posso dizer que não era possível esconder qualquer segredo dela.

Quando fiquei curado — e não estava mais roxo —, recebi alta do hospital e fui transferido para um novo lar, em Champigny-sur-Marne, na periferia sudeste de Paris.

Nos pacotes que meu tio me enviava, havia sempre dois maços de cigarro. O que era ótimo, porque, embora eu não fumasse — quase desmaiei, novamente, quando tentei —, os cigarros funcionavam como dinheiro, naqueles dias de privação e racionamento.

Eu também tinha algum dinheiro no bolso, de maneira que pude dar uma volta pela cidade e comprar algumas coisinhas. E minha nova amiga Carmen era fumante; então é provável que ter cigarros me tornasse um pouco mais atraente.

Mantive contato com Carmen, lógico, e uma noite, depois que fomos ao cinema, ela me convidou para subir até seu quarto, no dormitório da enfermaria. Ela era muito meiga. Tinha orgulho de sua habilidade com o violino, e insistiu em tocar para mim. De repente, ela largou o instrumento, apagou as luzes e me levou para a cama. Fizemos amor, eu pela primeira vez na vida. Ela foi muito gentil, paciente e compreensiva. Foi uma introdução maravilhosa ao mundo do prazer sexual, e um grande contraste com o local onde eu estivera, e com tudo pelo qual havia passado: alguns meses antes, estava morrendo de fome em Buchenwald; agora, flanava por Paris com alguns francos no bolso, e até dormia com minha namorada francesa.

Ainda hoje, de brincadeira, digo que sempre que ouço um violino, sinto algo pulsar...

Os outros meninos de Champigny-sur-Marne e eu adorávamos perambular por Paris. Era como estar no céu. Muitas das atrações parisienses mais procuradas, como os shows do Folies Bergère e do Moulin Rouge, eram gratuitas para nós. Foi nos dado um passe verde, maravilhoso, que dizia, em francês: "Estenda qualquer cortesia a ex-combatentes e ex-prisioneiros."

Meus parceiros e eu podíamos ir a teatros e shows sempre que desejássemos. Parecia bom demais para ser verdade. Beber vinho e contemplar lindas dançarinas francesas foi uma bela introdução aos prazeres da vida no mundo livre. E foi no Folies Bergère que, pela primeira vez na vida, vi uma mulher nua — minhas aventuras com Carmen aconteciam no escuro cálido e aconchegante do dormitório.

Certa noite, alguns amigos e eu pegamos o trem para Pigalle, o famoso bairro dos teatros e prostíbulos da cidade, para ver uma sessão dupla de cinema. Lembro-me de que era *Gunga Din*, com Cary Grant, Douglas Fairbanks Jr. e Sam Jaffe, um simpático garoto judeu, no papel principal, representando um miserável carregador de água indiano. Também vimos *As quatro plumas*, outro filme sobre militares britânicos que causam problemas num país estrangeiro, estrelado por C. Aubrey Smith.

Quando o filme acabou, nossa pequena gangue saiu pelas ruas, absorvendo as luzes e os sons da vida desinibida que nos cercava. Não estávamos ali para encontrar prostitutas — não para recorrer aos seus serviços, pelo menos. Na realidade, não sabíamos o que era uma prostituta. Tão ingênuos e tão inexperientes, sabíamos apenas que eram consideradas mulheres de má reputação.

Mas rapazes — sobretudo ex-prisioneiros, jovens e ardentes — gostam de olhar para mulheres, e foi exatamente o que fizemos.

Uma garota francesa se aproximou de mim e, com uma voz bastante sexy, fez o que se poderia chamar de uma proposta indecente. Fiquei surpreso e confuso e, sobretudo devido ao choque e à surpresa, chamei-a da palavra francesa que tinha aprendido para "prostituta". O que, logo aprendi, também significava "porca". Imediatamente, descobri que Paris é uma cidade que leva a prostituição muito a sério. No instante em que disse aquilo, percebi o insulto — um insulto que, na realidade, eu não tinha intenção de proferir. Aquelas mulheres eram respeitadas em sua profissão, licenciadas pelo município e protegidas pela lei e pela polícia, muito mais do que na maioria dos outros lugares. A mulher ficou extremamente ofendida com o que eu disse e começou a gritar. Quando dei por mim, estava nas mãos dos gendarmes, que me arrastaram até a delegacia mais próxima, enquanto eu protestava, o tempo todo, no meu francês sofrível.

A última coisa que eu queria era ser prisioneiro novamente.

Foi grande a comoção, com meus amigos me seguindo até a delegacia de polícia, para tentar me tirar de lá. A multa era de duzentos francos — valor que eu não tinha. Tentei explicar o quanto estava arrependido, o quanto estava envergonhado por não falar francês, e que não quis desrespeitar a jovem que tão gentilmente tinha me oferecido seus serviços.

Graças à minha pouca idade, à condição de sobrevivente de Auschwitz e Buchenwald, e à óbvia falta de habilidade no idioma, a multa foi reduzida para cem francos, valor que as pessoas responsáveis por nossa hospedagem e eu, finalmente, conseguimos levantar.

Quando saímos pela porta e descemos os degraus da delegacia, em plena madrugada, lá estava a prostituta que eu havia insultado, à nossa espera. Estava chorando, por conta da enrascada em que havia nos metido — tão logo tomou conhecimento das minhas circunstâncias, ela se sentiu muito mal, por ter dado tamanha importância àquela minha bobagem. E até me ofereceu cinquenta francos, para me compensar pelo que eu tinha passado.

Capítulo 52

Rumo à terra prometida

Em outro dia, mais feliz, Ivar, alguns amigos e eu saímos caminhando pela magnífica Avenue des Champs-Élysées, o bulevar amplo e cheio de luz que termina no Arco do Triunfo, o célebre arco posicionado no topo da longa colina. Paramos para tomar café e comer um doce, num dos muitos cafés ao longo da avenida. Enquanto estávamos ali, conversando em alemão e iídiche — dependendo de quem estivesse falando —, o garçom nos abordou.

— Com licença — disse ele. — Por favor, desculpem a interrupção, mas há um cavalheiro, sentado algumas mesas adiante, que ouviu vocês falando alemão e gostaria de conhecê-los, rapazes.

Fomos apresentados ao sr. e à sra. Rosenthal, um casal judeu-alemão que tinha fugido, da Alemanha nazista para a França, em 1937, e que, uma vez ali, conseguiu se esconder dos alemães durante a guerra.

Em meio a tanta gente que poderíamos ter conhecido na França, descobrimos que o sr. Rosenthal era funcionário do Ministério dos Transportes francês. Se alguém podia me ajudar a sair da França, atravessar o Atlântico e chegar aos Estados Unidos, esse alguém era ele.

Após nosso encontro no café, o sr. Rosenthal e a esposa me adotaram, de certa forma, e nas semanas seguintes fui até a casa deles, em Paris, para os jantares de sexta-feira, onde conheci toda a família.

Com o passar do tempo, um plano foi traçado para me levar até o outro lado do Atlântico.

Por acaso, o sr. Rosenthal tinha um irmão que residia em Los Feliz, um belo bairro arborizado no centro-norte de Los Angeles, na Califórnia, e o sr. Rosenthal estava procurando um meio de enviar dinheiro para o irmão, mas sem a burocracia e os custos inerentes a qualquer remessa oficial.

O sr. Rosenthal propôs que meu tio, que já estava em Los Angeles, entregasse o dinheiro correspondente ao valor da minha passagem de navio ao irmão, em Los Feliz; por seu turno, o sr. Rosenthal compraria para mim, em Paris, o bilhete do navio até os Estados Unidos.

Ele também mexeu alguns pauzinhos e reservou minha passagem no *Desiré*, um cargueiro enferrujado que, partindo da Normandia, iria até Nova York. Foi um dos primeiros navios a transportar civis, da França para Nova York, depois da guerra. E agora eu, entre todos os refugiados em solo europeu, havia tirado a sorte grande de embarcar naquele cargueiro.

Despedi-me de Ivar. Eu não fazia ideia se algum dia voltaria a vê-lo. Ele ficou triste ao me ver partir, e imagino que deve ter sido horrível, para ele, perder mais uma parte de seu passado e dizer adeus ao irmão mais velho, que por ele zelava desde a época de Buchenwald. Mas ambos sabíamos que eu tinha que ir embora. Quanto a isso não havia a menor dúvida. Ivar estava em boas mãos, aprendendo rapidamente francês e obtendo uma boa educação formal, em Paris. Eu tinha uma família e, talvez, uma boa perspectiva de vida, a um oceano de distância.

Prometemos tentar manter contato, embora soubéssemos que era um tiro no escuro, dado o relativo caos em que o mundo se encontrava naquela época.

Foi muito difícil me despedir do meu único amigo de verdade no mundo. Mas eu não tinha escolha. Então parti.

Eu me despedi de todos os meus outros amigos e professores, e embarquei num trem, em Paris, rumo ao porto de Cherbourg.

Paris tinha sido poupada da destruição durante a guerra, mas Cherbourg, o porto mais próximo dos desembarques do Dia D, na Normandia, tinha sido atacado pelos Aliados — por ar, mar e terra —, e havia vestígios da guerra por toda parte. Quando o navio zarpou do porto de Cherbourg, precisamos nos esquivar de minas deixadas pelos alemães. A tripulação até disparou contra algumas, na tentativa de explodi-las, antes que nos fizessem voar pelos ares. Nenhuma das minas foi detonada e, seguidos por um rastro de fumaça escura provocada pelo óleo queimado, logo alcançamos o Atlântico, em nossa viagem de duas semanas até a cidade de Nova York.

Capítulo 53

A mulher no porto

Quando se chega a Nova York num navio alquebrado e se avista a Estátua da Liberdade... Bem, é uma experiência quase impossível de se descrever. Não importa quanta gente já tentou expressar o sentimento, mas quando se vê aquela estátua surpreendente, com aquela tocha erguida no ar, tudo muda.

A ideia do que se é — quem se é, pelo que se passou — muda completamente naquele momento. Aquela estrutura incrível, bela e simbólica indica que a pessoa chegou aos portões de algo que sua imaginação não poderia sequer conceber.

Quem nasce nos Estados Unidos não tem como entender o que o país significa para as pessoas pobres, sofridas e desesperadas, carentes de sorte, dinheiro ou espaço em qualquer país de onde vieram. Para tais pessoas — pessoas como eu, naquele dia cinzento de abril de 1946 —, os Estados Unidos eram muito mais do que uma nova casa. Eram uma nova vida.

Eu quase não tinha dinheiro. Não falava inglês. Não tinha nenhuma qualificação. Não tinha lar, tampouco uma família verdadeiramente minha. Mas até no meu caso, que ali cheguei sem nada, a sensação era de ser o garoto mais sortudo do mundo. Depois de todos aqueles anos em que fui desprezado e quase exterminado pelos nazistas, ter tantas coisas dando certo na vida parecia um sonho interminável, maravilhoso.

É um sonho do qual ainda não acordei, mesmo tantos anos depois.

Fiquei pouco tempo em Nova York, hospedado com uma parenta distante, Millie Lachman, prima da minha mãe, e com o marido dela, Henry, que eu tinha conhecido na Alemanha. Também restabeleci contato com dois amigos meus de Colônia. Um deles era um menino, mais ou menos da minha idade, filho de uma prima da minha mãe, e o outro era um antigo colega de turma, nos idos de 1935, antes de os alemães nos expulsarem da escola.

Essas pessoas maravilhosas me propiciaram os primeiros vislumbres dos Estados Unidos.

Fiquei chocado quando vi pela primeira vez um supermercado nos Estados Unidos. Não havia nada semelhante na Europa: todos lá faziam compras em algum estabelecimento do bairro, a curta distância de casa. Nos Estados Unidos, havia um grande prédio dedicado aos alimentos, nos seus mais variados aspectos. Paredes de pão. Oceanos de leite. Um balcão de carne maior do que qualquer casa em que eu havia morado. Legumes frescos e brilhantes, e um arco-íris de frutas provenientes de todos os cantos do mundo.

O Automat era outra invenção estadunidense que me fez perder o fôlego. Hoje em dia, parece algo um pouco assustador e demasiado industrial, mas, naquela época, era uma invenção surpreendente. A pessoa colocava cinquenta centavos na máquina e, em seguida, enfiava a mão num mecanismo giratório para pegar o sanduíche que desejava. Era algo robótico e mecânico, mas também moderno, avançado e rápido. O cliente pegava um sanduíche em questão de segundos — sem precisar esperar que uma pessoa de carne e osso anotasse o pedido, preparasse a refeição e depois recebesse o dinheiro e desse o troco. Simples assim. Nos Estados Unidos, as coisas aconteciam mais rapidamente do que em qualquer outro lugar do mundo.

Toda aquela comida constituía um deleite visual, bem como uma visão reveladora de um mundo totalmente novo, o mundo do futuro, que se descortinava diante dos meus olhos deslumbrados. Mas, estranhamente, a comida em si não me entusiasmava muito.

Mesmo hoje em dia, quando me conhecem e se dão conta do que passei naqueles anos, as pessoas parecem ter uma necessidade irracional de me alimentar.

— Você quase morreu de fome — dizem elas. — Precisa comer mais.

Detesto decepcionar essa gente bem-intencionada, mas, na verdade, comida não significa muito para mim. Não desde que saí de Buchenwald. Havia uma realidade naquele momento. E hoje há outra realidade. Não posso compensar hoje o que me faltou naquela ocasião. Talvez, meu estômago e meu metabolismo tenham se habituado com quase nada para comer, e talvez isso não tenha se alterado, depois que cheguei aos Estados Unidos, lugar da comilança generalizada. Não tenho o menor desejo de comer muito, de uma vez só, e, às vezes, comer, lavar toda a louça e digerir parece ser uma tarefa tão árdua que eu preferiria não precisar fazê-lo.

Capítulo 54

Finalmente em casa

Quando cheguei a Los Angeles, meu tio Herbert e minha tia Bertha ficaram felizes em me ver, em me adotar e me ajudar a construir uma vida nos Estados Unidos.

Mas era fácil ver nos olhos deles que também tinham pena de mim. Eu era uma criatura raquítica e de aparência patética, pelo menos, em comparação com toda aquela gente saudável e alimentada à base de leite, em Los Angeles. As pessoas costumavam me dizer:

— Você está tão pálido! Você é tão magro!

Quando, na realidade, eu parecia fantástico, em comparação com minha aparência poucos meses antes.

Eu já era um pouco mais alto do que a maioria dos outros garotos, mas, agora, meu organismo estava fazendo tudo o que podia para compensar o tempo perdido. Depois que fui para a Califórnia e passei a levar uma vida mais normal, ganhei corpo. Cresci dez centímetros em um ano.

Lembro-me de que meus tios compraram meu primeiro terno. Fiquei muito orgulhoso. Mas jamais consegui usar o traje em público. Quando um casamento na família me deu a oportunidade de vesti-lo, já estava apertado.

Fiquei feliz por estar crescendo, mas foi doloroso. Minhas articulações incomodavam o tempo todo, pois padeciam das dores do crescimento suspenso naqueles anos perdidos, e tudo em questão de poucos meses. Meu corpo parecia não caber mais em mim.

Meus tios não poderiam ter sido mais afetuosos e acolhedores. Em retrospecto, tenho a impressão de que, pelo fato de não terem filhos — decisão resultante das dificuldades pelas quais passaram —, despejaram em mim todo aquele desejo, nutrido por anos, de ser pais. Tentaram me mimar, eu acho.

É possível que, hoje em dia, alguns dos meus amigos e parentes achem que conseguiram.

Na Filadélfia, a fim de sobreviver, minha tia havia sido forçada a trabalhar como costureira numa fábrica de roupas, confeccionando jaquetas de uniformes para soldados estadunidenses. Meu tio Herbert, como todos nós, judeus-alemães, não conseguiu obter qualquer tipo de educação formal, antes de partir para os Estados Unidos, mas adorava carros — tinha sido piloto de corrida, na Alemanha, e quando jovem se feriu num acidente. Durante toda a vida, ostentou uma cicatriz enorme no rosto em consequência do tal acidente. O único emprego que havia conseguido, na Alemanha, na década de 1930, foi de vendedor da Opel, que atualmente é a subsidiária alemã da General Motors. Então conheceu a esposa, minha tia Bertha, e se mudou para minha cidade natal, Colônia. Sendo judeu, não tinha permissão para ser proprietário do próprio negócio; portanto, ficou estagnado, numa garagem, consertando carros.

Quando se mudou para os Estados Unidos, continuou na mesma atividade: administrou um posto de gasolina da Atlantic Richfield — empresa agora conhecida como ARCO —, localizado no Wilshire Boulevard, no centro de Los Angeles, ao lado do Hospital Good Samaritan.

Tio Herbert estava trabalhando nesse posto de gasolina quando um senhor que, por acaso, era proprietário do *B'nai B'rith Messenger*, um conhecido e antigo jornal judaico de Los Angeles, passou por lá. Esse senhor era um velho cliente do posto de gasolina operado por tio Herbert, e sabia que ele estava tentando localizar algum membro da família que tivesse sobrevivido à insanidade ocorrida na Europa.

Todas as sextas-feiras, depois que a edição do jornal ficava disponível, ele fazia questão de passar no posto, a caminho de casa, abastecer com gasolina Atlantic Richfield e oferecer ao meu tio um exemplar.

E foi assim que meu tio descobriu que eu ainda estava vivo: graças ao grande acaso de determinado editor doar determinado jornal, numa determinada sexta-feira em que meu nome aparecia numa lista de sobreviventes de campos de concentração.

Quando cheguei a Los Angeles, aprendi rapidamente que operar um posto de gasolina não era das melhores maneiras de ganhar a vida. Meu tio não era o proprietário — operadores arrendavam os postos às companhias petrolíferas. A Atlantic Richfield controlava tudo.

Tio Herbert só ganhava três ou quatro centavos por galão de gasolina. Só podia vender óleo Pennzoil e pneus Goodyear. Para ganhar algum dinheiro extra, ele fazia manutenção nos carros dos clientes: consertos, trocas de óleo, lubrificação de chassis, substituição de pneus, de palhetas de para-brisas e de sapatas de freio. O dinheiro ganho com esse trabalho e com o pequeno lucro obtido na venda de peças automotivas ficava inteiramente para ele.

O posto arrendado por meu tio não era bem localizado. É certo que Wilshire Boulevard era uma via de tráfego intenso, numa cidade enorme e movimentada, mas não ficava numa área residencial; portanto, as pessoas passavam com pressa diante do posto, a caminho do trabalho, e na volta para casa, e não se dispunham a parar e fazer a manutenção de seu carro naquele local.

Foi um tempo difícil. Meus pais adotivos foram forçados a pedir dinheiro emprestado para depositar uma caução em meu nome, a fim de demonstrar ao governo que dispunham de recursos suficientes para se responsabilizar por mim, e que eu não seria um peso para o sistema local. Eles precisavam pagar o empréstimo, todo mês, além de arcar com os custos da nossa subsistência.

Minha nova família nunca tinha dinheiro suficiente para espairecer e se divertir; apenas ficava em casa e saía para trabalhar. Certa vez, consegui economizar dinheiro para levar meus pais adotivos até San Diego e nos hospedar no Hotel Coronado. E também os levei numa viagem ao Lago

Tahoe, nas montanhas, na fronteira entre Califórnia e Nevada. Mas eram ocasiões muito raras, e muito especiais.

Tio Herbert e tia Bertie moravam numa casa alugada, em Hollywood, um bangalô minúsculo, de um andar, típico da Califórnia. Havia apenas um quarto. Então, assim como antes, nas minhas viagens, eu precisava dormir na sala, abrindo o sofá-cama todas as noites.

E foi ali que dormi, todas as noites, de 1946 até meados da década de 1950.

É evidente que tive que frequentar uma escola. E como eu não ia à escola desde 1935, era grande a quantidade de matéria atrasada. Para começar, eu não falava uma palavra de inglês. Alemão, sim. Iídiche, sim. Um pouco de polonês. Mas, em inglês, nada mais complicado do que "hello", "olá", e "goodbye", "tchau".

Milhares de crianças chegavam à cidade depois da guerra, gente deslocada, proveniente de todas as partes do mundo, que agora precisava receber educação formal na região de Los Angeles. Para simplificar as coisas para todos os envolvidos, nós — jovens estrangeiros, nenhum dos quais falava inglês — fomos designados à Escola Secundária de Belmont. Lá poderíamos receber, diariamente, três horas de instrução em língua inglesa, em vez da aula habitual de uma hora, para termos a mínima chance de nos igualar aos alunos californianos, que eram falantes nativos do inglês.

Do nosso bangalô, em Hollywood, eu descia de bonde o Beverly Boulevard até a escola, todas as manhãs. Por sorte, a escola ficava a cerca de cinco ou seis quarteirões do posto de gasolina operado pelo meu tio.

Todos os dias, depois das aulas, eu caminhava até o posto, e trabalhava das 15h30 até à meia-noite. Meu tio me ensinou a administrar o posto, vender gasolina e cuidar das contas, bem como a fazer alguns reparos e serviços mais simples nos carros dos clientes. Ele ia me buscar todas as noites, quando meu turno terminava. Às vezes chegava mais cedo e ficava comigo, após o jantar, e me fazia companhia para que eu pudesse terminar o dever de casa ali mesmo, no escritório do posto.

Isso permitiu que ele economizasse o dinheiro que seria gasto na contratação de outra pessoa para gerenciar o posto quando ele não estivesse presente; então, pelo menos, tive a oportunidade de lhes melhorar um pouco a vida — de retribuir algo aos meus tios pelo incrível afeto e apoio que me deram. Era uma sensação boa, saber que estava contribuindo, oferecendo alguma contrapartida ao sacrifício que eles fizeram ao me acolher e me criar, ao dinheiro gasto a fim de me proporcionar uma nova vida.

Depois de alguns anos, tio Herbert poupou recursos suficientes para nos mudarmos para uma casa maior e mais agradável, na Genesee Street, em Hollywood. Passei a ter meu próprio quarto — e minha própria cama, com cabeceira de madeira, base de molas, colchão e tudo mais. Era a primeira vez que eu tinha minha própria cama, desde 1935. Parece algo mínimo, mas significou muito para mim, na época. Eu era agora uma pessoa de verdade, digna de uma cama de verdade, como todo mundo.

Foi assim que vivi durante dez anos, trabalhando no posto de gasolina do meu tio, todas as noites, do ensino médio até a faculdade. Levei dez anos para me transformar, de um judeu-alemão refugiado, magricelo e sem-teto, em um californiano.

Minha tia insistia que eu precisava trabalhar duro, frequentar uma boa faculdade e encontrar uma profissão na qual pudesse usar meu cérebro. Ela não permitiria que eu desperdiçasse a oportunidade que me foi dada, quando fui para os Estados Unidos.

— Se você chegou até aqui e sobreviveu a tudo o que passou, tem que fazer algo especial com as dádivas que lhe foram concedidas — disse ela.

Ela não queria que eu acabasse como meu tio, um homem maravilhoso que tinha que ganhar a vida com troca de óleo e rodízio de pneus, e voltar para casa, todas as noites, com graxa e óleo embaixo das unhas.

Ela não teve muito trabalho para me convencer. Enquanto tantos jovens com quem estudei no ensino médio se distraíam, dirigindo seus carros, correndo atrás de garotas, bebendo cerveja e fazendo besteiras, eu levei as coisas um pouco mais a sério.

Muitos jovens que eu conhecia — principalmente outros sobreviventes judeus-europeus que, como eu, foram para a Califórnia depois da guerra — pareciam se ater às suas rotinas e desejos do momento, não se preocupando muito com o futuro. Não estavam tão interessados em trabalhos escolares, nem em ganhar a vida, como eu estava. E acho que não se pode culpá-los. Eles saíram do nada e, em muitos casos, chegaram com quase nada. Queriam aproveitar a vida naquele momento, a todo vapor. Queriam se divertir, cometer alguns pequenos desatinos e ter namoradas; casar e, logo em seguida, ter filhos.

No entanto, depois de toda a loucura pela qual passei, acho que estava decidido a ser o dono do meu próprio destino. Na minha visão, eu já havia sido pobre, tinha passado fome e me sujeitado aos caprichos de gente perversa. Agora, pretendia gerir minha própria vida. Se dependesse de mim, eu queria que minha história tivesse um final feliz.

Eu tinha pressa. Concluí os estudos na Escola Secundária Belmont — instituição que existe ainda hoje — em dois anos e meio, em parte porque havia ingressado no meio do primeiro ano letivo, em 1946. Colei grau entre os 3% melhores alunos da turma. Claro, o fato de já estar com dezoito anos, quando ingressei, em vez dos habituais catorze ou quinze, muito me ajudou. Eu tinha vinte e um anos quando me formei. Então era mais amadurecido do que a maioria dos outros jovens da minha turma. E também me concentrei bastante nos estudos, abrindo mão das amenidades sociais que distraíam alguns dos meus colegas.

Mas, depois de aprender inglês e me formar no ensino médio com boas notas, que diabos eu iria fazer pelo resto da vida?

Capítulo 55

Bem-vindo a Westwood

Decidi frequentar a Universidade da Califórnia em Los Angeles (UCLA) — ou melhor, as circunstâncias decidiram por mim. Ainda não tínhamos muito dinheiro. Eu precisava frequentar uma universidade que ficasse perto de casa, a fim de continuar a residir com meus tios, e seguir trabalhando no posto de gasolina arrendado por tio Herbert. Ele precisava de mim no posto, e trabalhar lá era, para mim, a única maneira de ganhar algum dinheiro para custear minha carreira universitária.

A UCLA era financeiramente acessível, ao contrário de algumas universidades particulares, mais exclusivas, de maior prestígio, situadas na cidade. E a UCLA era bastante acolhedora a estudantes estrangeiros, de todas as etnias e origens. Pessoas do mundo inteiro a frequentavam, assim como nos dias de hoje. Havia muitos jovens judeus, como eu — refugiados e sobreviventes —, e não seria difícil encontrar amigos com os quais eu teria muito em comum.

A universidade não foi fácil para mim. Um professor de inglês me convocou para me apresentar em seu escritório e disse:

— Não posso aprová-lo na minha disciplina, não com o tipo de erro que comete no uso da linguagem.

Ele fazia tantas marcas vermelhas nos meus trabalhos escritos que, quando eu os recebia de volta, as páginas pareciam aqueles cilindros que sinalizam portas de barbearia, em vermelho e branco. Tentei explicar, mas ele me interrompeu:

— Você fala com sotaque. Não nasceu aqui? — indagou.

— Não — respondi. — Só cheguei aqui em 1946.

Ele olhou para mim por um momento.

— Por que não me disse isso antes? — perguntou ele. — Você não poderia dominar o inglês como segunda língua em tão pouco tempo; e todos esses outros jovens falam inglês desde que nasceram.

Ele concordou em me dar atenção especial, e em ajustar minha nota, considerando o pouco tempo em que eu sequer tinha ouvido, quanto mais falado, o inglês.

Mas o que eu pretendia ser? Ainda tinha em mente a ideia de ser comediante, mas tal objetivo não era realista. Eu falava com sotaque alemão, o que não constituía uma boa base para material de comédia logo após a Segunda Guerra Mundial. E minhas experiências, ou melhor, falar sobre minhas experiências como sobrevivente do Holocausto não parecia ser uma estratégia eficaz para provocar risadas, noite após noite.

Na época, eu passava muito tempo no dentista. A desnutrição à qual tinha sido exposto atrapalhou o desenvolvimento da minha dentição: meus dentes e minhas gengivas simplesmente não tinham as dimensões corretas; sendo assim, num primeiro momento, tudo indicava que eu acabaria usando prótese dentária.

Mas encontrei um ótimo dentista, que aceitou o desafio de tratar meus dentes. Eu comparecia ao consultório dele duas ou três vezes por semana, para reabilitar minha dentição da melhor maneira possível. Meus dentes acabaram ficando saudáveis — ainda os tenho, sessenta e oito anos depois. Meu dentista e eu acabamos por nos conhecer muito bem, e a atividade desempenhada por ele me pareceu ser uma maneira interessante de ganhar a vida. Então decidi fazer uma preparação pré-médica, na UCLA, obtendo a formação e as credenciais necessárias para ingressar na Faculdade de Odontologia.

Em algum momento, ao longo do caminho, consegui meu primeiro carro, um Ford sedã, 1936, bastante usado, com capota flexível. Não era conversível, mas tinha a capota coberta por uma espécie de lona, em vez de aço. A ridícula capota vazava tanto que água pingava na minha cabeça, nos meus cadernos e nos meus livros, toda vez que chovia.

Meu tio tinha muitas oportunidades de adquirir carros usados, por bons preços — os clientes costumavam ir até o posto, quando queriam se livrar de seus carros velhos, a fim de comprar um melhor e mais novo. Então, em pouco tempo, vendemos o Ford e comprei um Chevy conversível, 1939, bem bacana, num tom de azul que até combinava com as cores da UCLA.

Quando eu não estava na faculdade, trabalhava no posto de gasolina. Exceto nas tardes de sábado. Era quando meu tio contratava um funcionário, em regime de meio expediente, para administrar o posto, de modo que eu pudesse ir aos jogos de futebol americano, na UCLA, assim como qualquer outro estudante estadunidense, despreocupado e ávido por diversão.

Meus amigos e eu entrávamos no espírito da coisa. Decorávamos meu Chevy com bandeiras e fitas azuis e amarelas, e pompons. Percorríamos as ruas de Westwood e todo o *campus*, buzinando e gritando, sempre que a UCLA vencia uma partida.

Parece bobo e infantil, agora — e era. Mas eu achava que tinha conquistado o direito de ser um pouco infantil, de vez em quando. A maioria dos alunos da universidade com os quais eu convivia teve uma infância segura. A maioria contava com a presença de pai e mãe em casa, e famílias inteiras que os apoiavam ao longo da vida. Eu nunca tive infância. Então precisava receber as migalhas de uma, dia após dia, à medida que me transformava, de um adolescente esquálido e desengonçado, falando um inglês hesitante e exibindo dentes precários, em um estadunidense adulto.

Eu havia mudado, extraoficialmente, meu nome — Heinz Adolf Oster — para a versão mais americanizada "Henry Oster", assim que cheguei a Nova York, em 1946. Não queria ser conhecido como marca de ketchup, e sempre que um estadunidense diz "Heinz", é isso que lhe vem à mente. "Henry" é, tão somente, a versão em inglês de "Heinz".

Meu avô — pai do meu pai — se chamava Adolf, e foi assim que ganhei meu nome do meio. Eu havia apanhado, mais de uma vez, de nazistas que não apreciavam o fato de que meu nome oficial, criado por eles — Heinz Adolf Israel Oster —, tivesse "Adolf" e "Israel" tão próximos. Foi fácil abandonar aquele nome. Então, em 1951, quando iniciei os estudos na UCLA, tornei-me cidadão estadunidense. Henry Oster, um perfeito universitário estadunidense.

O ensino superior foi tão difícil quanto o ensino médio. Eu ainda trabalhava quarenta horas por semana, com meu tio, no posto de gasolina, agora credenciado junto à Mobil e localizado na esquina da Selma Avenue com a Vine Street, apenas um quarteirão ao sul da célebre esquina de Hollywood e Vine.

A UCLA foi desafiadora, mas justa. Jamais tive a sensação de ter sido discriminado por vir de um país estrangeiro, por ter sotaque alemão, ou por ser judeu. Era uma universidade maravilhosa, com uma mentalidade positiva e tolerante, corpo docente e corpo discente diversificados e interessantes, e ali me ofereceram todas as oportunidades que desejei.

Como eu era três anos mais velho do que a maioria dos outros alunos, e como já precisava me barbear todas as manhãs, algumas das minhas colegas me achavam um pouco mais sexy do que os outros rapazes. Eu tinha uma aura europeia, meio misteriosa, pode-se dizer. Mas, na realidade, eu não dispunha de tempo para sair com garotas, nem mesmo para ir ao cinema. Eu costumava manter o foco, trabalhando sem parar, para construir uma vida segura para mim e minha família.

Eu me sentia extremamente grato por estar ali. Estava frequentando uma universidade na Califórnia, exatamente onde todo mundo queria estar.

CAPÍTULO 56

Desculpa. Judeu demais.

Quando me formei na UCLA, decidi ingressar na faculdade de odontologia da Universidade do Sul da Califórnia (USC), decisão difícil de tomar, sendo eu um ferrenho aluno da UCLA.

Ambas as universidades são rivais lendárias, situadas em regiões opostas da cidade, e vencer a partida de futebol americano realizada anualmente entre as duas instituições é suficiente para garantir o direito de se gabar durante todo o ano letivo.

Mas a UCLA não tinha curso de odontologia. A universidade pública estadual mais próxima, com um bom programa de odontologia, era a Universidade da Califórnia, em Berkeley, bem ao norte, perto de Oakland. A USC, por outro lado, ficava próxima de Hollywood, e eu poderia continuar morando com tia Bertha e tio Herbert; além disso, o valor da mensalidade era acessível, o que me possibilitaria custear meus estudos. Então me preparei para ingressar na universidade rival.

Reuni o histórico de minhas notas na UCLA e me candidatei à USC. Passei em todos os testes de qualificação necessários.

Num dos testes, tive que esculpir algo num pedaço de giz, para demonstrar aos examinadores que era dotado da destreza manual necessária para ser um bom dentista. Quando entreguei a figurinha de giz ao examinador, para ele embrulhá-la com cuidado, o idiota prontamente a deixou cair no chão, esfacelando-a. Ele pediu mil desculpas e fez questão de anotar que havia deixado cair minha obra de arte, e que o trabalho estava adequado, antes que ele o pegasse com as mãos estabanadas.

Tudo parecia bem no início. Fui tratado com todo tipo de cortesia e me foi concedida uma entrevista com o presidente do comitê de admissões, um certo Dr. Rutherford.

Antes da entrevista, conversei com nosso amigo da família, o senhor que era o proprietário do *B'nai B'rith Messenger*, o jornal judaico que havia alertado meu tio de que eu estava vivo, na França, depois da guerra.

Certo dia, de passagem pelo nosso posto de gasolina, ele me disse que conseguir admissão na USC seria difícil, por causa de todos os veteranos da Segunda Guerra Mundial e da Guerra da Coreia, aos quais davam preferência, depois que voltavam do serviço militar.

Mas ele tinha um plano. Ele disse:

— Se você puder fazer alguma doação, ou seja, uma doação em dinheiro ou propriedade, ao mesmo tempo em que submeter sua inscrição, com certeza vai ser admitido.

Bem, não tínhamos dinheiro algum. Eu era um mero estudante e trabalhava num posto de gasolina, pelo amor de Deus...

Ele fez algumas sondagens junto à USC.

— Já sei o que você pode fazer — comentou. — Você pode comprar um aparelho de televisão e doá-lo, como presente, ao tal senhor, o Dr. Rutherford, presidente do comitê de admissão. Isso pode aumentar suas chances de ser admitido.

Uma televisão era algo raro e fantástico naquela época, comparável ao rádio da minha família, nos idos de 1933 — e custava caro. Eu não tinha TV, e vários anos transcorreriam até que pudesse adquirir uma. O preço era comparável ao de hoje em dia. Comprei uma por cerca de US$250, ou seja, mais ou menos, o que se pagaria no Walmart, hoje, por uma pequena TV de tela plana. Mas o dólar valia cerca de dez vezes mais naquela época do que atualmente; então, na moeda atual, o valor correspondia a US$2.500. E a verdade era que eu não tinha US$2.500 sobrando.

Mesmo assim, cerrando os dentes, enviei uma TV novinha em folha para o tal Dr. Rutherford. E não obtive nenhuma resposta.

Não houve nenhum sinal de que a TV havia sido entregue, nenhum indício de que o presente tinha sido apreciado.

Quando finalmente chegou o dia da minha entrevista, o Dr. Rutherford disse:

— Tenho certeza de que você já ouviu dizer que raramente admitimos um aluno no primeiro ano em que ele se candidata... Temos uma grande quantidade de alunos registrados. Mas como você já se inscreveu e cumpriu todos os requisitos, vamos deixar o seu nome na lista de espera. Isso quer dizer que você não vai precisar fazer nova inscrição. Vai receber uma notificação nossa. Vamos considerar a sua candidatura novamente no ano que vem, mas com a vantagem de que você já estará bem mais acima na lista; então serão bem maiores as chances de ser admitido.

A certa altura, durante a entrevista, o Dr. Rutherford levantou-se e pediu licença para cuidar de outro assunto. Dei uma espiada na minha documentação, que estava em cima da mesa dele. Na parte superior da capa da pasta estavam as palavras: "judeu-al".

Em outras palavras, "judeu-alemão".

Tive um mau pressentimento.

Naquela época, eu não pensava muito nesse tipo de coisa. Eu tinha sido tratado com tamanha justiça em todos os lugares nos Estados Unidos, e durante todo o tempo que cursei a escola secundária e a faculdade, na Califórnia, que comecei a esquecer que o antissemitismo ainda era um problema. Em outras palavras, eu era por demais ingênuo.

A USC era, originalmente, uma universidade cristã metodista e tinha uma reputação, de longa data, de não aceitar alunos judeus. Corria o boato de que, antes da guerra, a USC tinha um *numerus clausus* específico, ou programa de cota: a cada ano letivo, um estudante judeu era admitido para a faculdade de medicina, um para a faculdade de odontologia e outro para a faculdade de direito.

Eu não sabia que o presidente da USC até 1947, Rufus Bernhard von KleinSmid, tinha sido cofundador da Fundação de Melhoramento Humano. Esse grupo advogava em favor das políticas bizarras de eugenia e esterilização forçada utilizadas pelos nazistas como justificativa "científica" para segregar, esterilizar e, finalmente, exterminar doentes mentais, homossexuais e ciganos. Sem falar nos milhões de russos, nem nos seis milhões de indivíduos do povo judeu, inclusive a maior parte da minha família e quase a mim também.

As teorias distorcidas de Von KleinSmid e seus colegas influenciaram mais de trinta estados dos Estados Unidos, inclusive a Califórnia, a aprovar a legalização da esterilização forçada de "débeis mentais e loucos".

Conforme já detalhei, mais de sessenta mil pessoas foram esterilizadas por conta dessa legislação, um terço delas na Califórnia.

"A aplicação dos princípios da eugenia à sociedade organizada é uma das funções mais importantes do cientista social da geração atual", escreveu Von KleinSmid, num ensaio datado de 1913 e apresentado diante da Academia de Ciências de Cincinnati. "Precisamos chegar ao consenso de que aqueles que, pela sua natureza, pouco mais podem fazer do que transmitir a seus descendentes (sic.) os defeitos que os tornam, como progenitores, um fardo para a sociedade não têm direito ético à paternidade".

A partir de 2014, no site da USC passou a constar uma linha do tempo que inclui o Dr. Von KleinSmid, "afetuosamente conhecido como Dr. Von", tendo ele assumido a presidência da universidade em 1921. Ele ocupou o cargo até 1947, apenas seis anos antes de eu me candidatar à faculdade de odontologia da USC.

Von KleinSmid não estava sozinho em suas teorias equivocadas — e, em última análise, genocidas. David Starr Jordan, primeiro presidente da Universidade de Stanford, Harry Chandler, editor do *Los Angeles Times*, e Robert A. Millikan, físico vencedor do Prêmio Nobel, também foram membros da Fundação de Melhoramento Humano, obcecada por eugenia. Essas ideias virulentas, de que algumas pessoas são inerentemente inferiores a outras, foram usadas por Adolf Hitler para conferir uma base pseudocientífica aos seus esforços de assassinar milhões de seres humanos inocentes.

Mas eu não sabia disso na ocasião em que pleiteava uma vaga no curso de odontologia da USC. Tudo o que sabia era o que o Dr. Rutherford havia me dito que eu seria considerado favoravelmente para admissão, no ano seguinte.

Por volta de julho daquele ano, comecei a ficar um tanto apreensivo. Notificações de admissão para a faculdade de odontologia eram expedidas, geralmente, em maio ou junho, mas já estávamos no verão, e eu não havia recebido nenhuma notícia.

Marquei outro encontro com o Dr. Rutherford. E logo ficou evidente que ele não tinha intenção de me admitir, a despeito do que havia dito no ano anterior. Ele me olhou nos olhos e disse:

— Henry, você não fez outra inscrição.

— Não, porque confiei no senhor. O senhor disse que deixaria o meu nome na lista de espera, com os candidatos do ano passado — retruquei.

— Ah — continuou ele. — Ainda assim, você deveria ter feito uma nova inscrição.

Eu sabia que estava em maus lençóis. Minha revolta foi tamanha que fiquei sem palavras e abatido. Eu tinha me esforçado tanto, e passado por todos aqueles testes e exames, apenas para constatar que a USC jamais permitiria que eu, um judeu, fosse admitido no curso de odontologia.

Saí do prédio da universidade enfurecido, e desci a Jefferson Boulevard até a Southern California College of Optometry, onde me inscrevi naquele mesmo dia.

A faculdade não tinha qualquer ligação com a USC, embora os nomes fossem semelhantes. Era uma instituição totalmente distinta. E é justo dizer que me trataram muito melhor do que a USC.

Na realidade, naquela época, eu sequer sabia o que era optometria. Nunca havia usado óculos — jamais tinha feito um exame oftalmológico na vida. Mas um colega, na UCLA, disse que pretendia fazer o curso, a fim de trabalhar como optometrista, depois que se formasse. Ele era um sujeito bastante inteligente, ótimo aluno. Então eu disse para mim mesmo:

— Esse camarada é inteligente; se ele quer ser optometrista, talvez eu também queira. O que eu tenho a perder?

Entrei, peguei um formulário de inscrição e preenchi.

Fui admitido na faculdade de optometria três semanas depois. Perdoem-me o trocadilho, mas nunca mais olhei para trás, depois que tomei a decisão. Eu me formei, tornei-me professor de optometria na mesma faculdade, mantive meu próprio consultório de optometria durante cinquenta e seis anos e trabalhei como optometrista na equipe do sistema de saúde Kaiser Permanente até 2014.

Na Alemanha, durante a guerra, os nazistas faziam questão de remover os óculos dos prisioneiros dos campos de concentração, para que eles ficassem mais inseguros e menos propensos a se rebelar, ou a fugir. Então sempre me pareceu um pouco irônico que eu ganhasse a vida como optometrista, ajudando milhares de pessoas a melhorar um pouco sua qualidade de vida. Ajudando-as a enxergar melhor seus entes queridos, praticar esportes, aprender com os livros, contemplar grandes obras de arte, assistir a filmes inspiradores e apresentações teatrais maravilhosas, bem como admirar os fenômenos naturais do incrível planeta em que vivemos.

Em nosso tempo livre, minha esposa Susan e eu gostamos de viajar, sempre que possível. Um dos nossos destinos prediletos é Las Vegas. Gosto de jogar um pouco: um poquerzinho, uma máquina caça-níqueis, de vez em quando. Depois da vida que levei — onde comecei, o que minha família e eu passamos, e onde acabei —, fico surpreso com minha própria capacidade de me divertir, todos os dias, de ainda poder acordar e experimentar a alegria de viver, depois de todos esses anos. Não posso deixar de sentir que tenho uma boa dose de sorte.

CAPÍTULO 57

Volta à Alemanha

Quando saí da Alemanha, naquele trem para a França, em 1945, jurei nunca mais pôr os pés em solo germânico. Mantive o juramento ao longo de quase setenta anos. Houve um momento em que, numa viagem de avião com destino a outro país europeu, fui obrigado a fazer uma breve escala no aeroporto de Frankfurt, na Alemanha. Brinquei com minha família e amigos, dizendo que tentaria flutuar, caminhando na ponta dos pés, enquanto aguardava o voo de conexão que me levaria para fora do país.

Então, há alguns anos, um primo de Susan, minha esposa, estava observando no computador um mapa de Colônia, na Alemanha — minha cidade natal, minha terra natal. Ele estava usando um aplicativo da web chamado OpenStreetMap, um misto de Google Maps e Wikipedia, capaz de exibir dados fornecidos pelos próprios usuários e sobrepostos a um mapa da Terra no qual é possível realizar buscas. O primo me chamou para ver um monte de pontos laranja espalhados pela cidade. Descobrimos que correspondiam à localização de pequenas pedras com uma placa de latão chamadas *Stolpersteine*, ou "pedras de tropeço", embutidas nas calçadas.

Um artista de Colônia chamado Gunter Demnig havia criado um projeto de execução continuada, destinado a lembrar aos alemães o que eles fizeram — e a homenagear as vítimas inocentes do Holocausto —, semienterrando pedras com placas de latão em frente à última residência de onde cada vítima tinha sido levada. A ideia original das "pedras de tropeço" foi tirada de um antigo costume alemão, antissemita, que os levava a dizer "Deve haver algum judeu enterrado aqui", sempre que alguém tropeçava num paralelepípedo saliente. É uma piada preconceituosa, uma insinuação ao suposto fato de que todo judeu tem nariz grande — e uma maneira de dizer: "Se é algo inconveniente, só pode ser por causa de um judeu."

Ao colocar essas pedras de maneira que ficassem ligeiramente acima do nível da calçada — sendo mesmo provável que os transeuntes nelas tropeçassem —, Demnig fez o feitiço se voltar contra o feiticeiro. Ele transformou um ditado grosseiro num lembrete diário da culpa e da responsabilidade da Alemanha — um lembrete persistente e permanente do que o povo alemão fez aos judeus e a outras minorias perseguidas.

Descobrimos que meus pais foram homenageados pelo memorial *Stolpersteine*, em frente ao nosso último apartamento, em Colônia, Blumenthalstrasse, 15.

Descobrir que alguém — um alemão, ainda por cima — tinha se dado o trabalho de criar memoriais para minha mãe e meu pai foi uma experiência tocante e perturbadora. Aquilo me trouxe tudo de volta: recordações da minha família, da minha casa, dos meus parentes e de todos os horrores que vivenciamos me varreram, feito uma onda quebrando na praia.

Fiquei muito grato a Gunter Demnig e ao estafe do Museu de Colônia que o ajudou a expor e documentar as histórias de todas as vítimas — judias ou não — arrancadas de suas casas e assassinadas.

Contudo, eu tinha algumas sugestões — fato que não surpreendeu meu amigo e coautor, Dexter, nem minha esposa, Susan.

As pedras que homenageavam meus pais estavam depositadas diante do prédio de apartamentos onde fomos forçados a residir depois que os nazistas tomaram o poder. Eu não pensava naquele local como minha casa. Em vez disso, aquilo se parecia mais com a primeira prisão à qual fomos levados à força, no início de todo aquele desvario. Se dependesse de mim, o memorial dos meus pais seria colocado em frente à nossa verdadeira casa, Brabanterstrasse, 12.

Também reparei que os fatos registrados na pedra que homenageava minha mãe não estavam inteiramente corretos. Ali consta que ela foi assassinada junto ao meu pai, em Łódź. Isso era o que todos — qualquer pessoa, exceto eu, lógico — achavam que tivesse acontecido. A morte do meu pai consta dos registros do hospital do gueto de Łódź, mas os alemães não fizeram qualquer registro quando arrastaram minha mãe e a mim, de Łódź para Auschwitz. E, com certeza, jamais deixaram qualquer registro do que aconteceu com ela naquela primeira noite, em Birkenau — para o restante da humanidade, era como se ela tivesse sido levada pelo vento.

Enviei um e-mail para o museu, endereçado ao Centro Nacional de Documentação Socialista da Cidade de Colônia (NSDOK), no intuito de corrigir o registro do que aconteceu comigo e com meus pais. E aquilo me pareceu bastante estranho: contatar os alemães a respeito do que a Alemanha tinha feito à minha família.

Recebi um telefonema da Dra. Karola Fings, uma pesquisadora excepcional, autora e historiadora que dedicou a carreira a descobrir exatamente o que aconteceu durante aqueles anos tenebrosos, e a informar os alemães e o restante do mundo. Comecei a entender que a Alemanha que eu conhecia — a Alemanha que causou tantas mortes, tamanho horror e devastação — não é a Alemanha de hoje.

O trabalho da Dra. Fings e de todos os seus colegas é alicerçado num princípio simples: que o único meio de a humanidade prevenir um horror como o Holocausto é forçar um olhar atento para o que aconteceu exatamente, e compreender como algo impensável, algo inimaginável, veio a ocorrer. Se desviarmos o olhar, se nós, enquanto espécie, nos permitirmos seguir o caminho mais fácil, esquecer e deixar as lições do passado desaparecerem, estaremos condenados a repetir tudo aquilo.

A Dra. Fings ficou por demais interessada na minha história. Minhas lembranças das experiências em pleno Holocausto e meu conhecimento sobre o que se passou com meus pais e comigo foram importantes para a pesquisa ininterrupta por ela realizada. Minhas informações amarraram, para ela, muitas pontas soltas, e fiquei radiante em contribuir com o que pude para auxiliá-la em seus esforços de documentar e entender o que aconteceu em Colônia, bem como o que aconteceu aos 2.011 judeus levados, de Colônia, para Łódź.

Ficamos amigos — tanto quanto isso é possível por telefone e e-mail. Eu a admirava por sua dedicação à história da minha família, uma história que eu achava que fosse tão somente minha. Conforme se viu, restavam apenas dois sobreviventes dos 2.011 judeus levados, de Colônia para Łódź.

A certa altura da nossa correspondência, Karola mencionou que o museu NSDOK e a cidade de Colônia realizariam um evento, no verão e no outono de 2011 — o septuagésimo aniversário das deportações de Colônia para Łódź.

Ela queria que eu fosse até a Alemanha, até Colônia, para o evento. Disse que poderia conseguir que a cidade de Colônia convidasse Susan e a mim, e custeasse nossas despesas de viagem. Ela acreditava que seria importante e significativo ter um dos dois últimos sobreviventes dos deslocados de Colônia e do gueto de Łódź presentes, a fim de testemunharem o que havia se passado e honrar a memória de todos aqueles que não sobreviveram para contar ao mundo o que tinham sofrido. Dos 2.011 judeus levados de Colônia pelos nazistas, apenas 23 sobreviveram à guerra, me contou ela. E daqueles 23, passados tantos anos, eu era o único que tinha condições de comparecer à comemoração.

A ideia de voltar à Alemanha me apavorava. Aquilo me parecia uma proposta terrível: voltar, apreensivo, ao país que me rotulou de vírus e que tinha se empenhado no meu extermínio.

Mas com a motivação de contar minha história — algo que eu já vinha fazendo uma vez por mês no Museu da Tolerância, em Los Angeles, desde 1977 —, finalmente decidi ir.

Foi uma experiência comovente, emocionante, um divisor de águas na minha vida. A Dra. Fings estendeu o tapete vermelho para Susan, a irmã de Susan, nosso cunhado e a mim. Ela nos guiou por toda Colônia, e até nos levou para ver o memorial *Stolpersteine* dedicado aos meus pais, em frente ao nosso antigo apartamento, na Blumenthalstrasse, 15.

Nem minha mãe nem meu pai têm lápide, obviamente. A exemplo de milhões de outros judeus, simplesmente desapareceram da face da terra nas mãos dos nazistas. Mas agora eu tinha a sensação de que existia um lugar onde era possível sentir a presença de seus espíritos e estar com eles.

Tenho certeza de que meus pais se sentiriam consolados, pensei, ao saber que, embora eles próprios — e quase toda a nossa família — não tivessem sobrevivido ao extermínio e ao horror, o filho havia sobrevivido. E ao saber que seus algozes, apesar de todos os intuitos depravados e malignos, agora estavam quase todos mortos e desaparecidos. Mas aqui estou eu, com eles, ainda vivo e ainda honrando sua memória.

Batemos à porta do nosso antigo apartamento. Uma mulher idosa espiou por entre as cortinas da janela, mas se recusou a abrir. Provavelmente estava receosa e insegura, sem saber quem éramos, nem o que queríamos, e não permitiu que invadíssemos sua intimidade, mesmo que fosse apenas por alguns momentos.

Mas o casal que residia no andar de cima nos ouviu, abriu a porta e nos convidou a entrar. Acolheram-nos em seu apartamento, que era a cópia exata do nosso, no andar inferior. Ouviram nosso relato e ficaram surpresos ao tomar conhecimento da história antiga e brutal do prédio em que moravam, da rua, da cidade e da população. Não poderiam ter sido mais gentis.

Como parte do evento de comemoração do septuagésimo aniversário de deportação, fui convidado por Jürgen Roters, prefeito de Colônia, a falar na recepção oficial, diante de um salão repleto de convidados, entre os quais o cônsul-geral dos Estados Unidos, muitos diplomatas estrangeiros e alguns colegas de trabalho de Karola, no museu NSDOK.

Eis o que falei, traduzido a partir do meu pitoresco alemão, datado da década de 1930.

"Honrado Prefeito Roters e convidados,

Primeiramente, por favor, perdoem-me por falar no meu alemão antiquado. É a primeira vez que o uso, isso em quase setenta anos, e é a primeira vez que faço um discurso na minha língua materna. Em 1945, jurei — por razões que os senhores provavelmente entenderão — nunca mais pisar em solo germânico. Até a ocasião desta visita, honrei o juramento.

Agora, o estou quebrando. Não fiz essa viagem por mera curiosidade. Não estou aqui de férias. E, certamente, não estou aqui por meu próprio prazer.

Estou aqui para homenagear meus pais e outros dezesseis membros da minha família que foram 'reassentados' — isto é, conduzidos em direção à morte — em 1941. Estou aqui para homenagear os 2.011 judeus de Colônia, dos quais sou um dos dois últimos sobreviventes, que em 1941 foram despachados daqui, ao encontro da morte, da doença e da fome, no gueto de Litzmannstadt-Łódź.

Depois de Łódź, sobrevivi a Birkenau, Auschwitz e Buchenwald. Minha presença aqui, hoje, prova ao mundo que mesmo agora, depois de setenta longos anos, a eliminação total dos judeus de Colônia não foi bem-sucedida. As pessoas que sequestraram e assassinaram meus amigos e parentes — quase todo mundo que eu conhecia — se foram. Mas eu ainda estou aqui, falando com os senhores hoje.

Quando aqueles acontecimentos tenebrosos ocorreram, o mundo não foi capaz de compreender como um povo aparentemente civilizado e culto poderia se deixar enganar, de maneira tão voluntária e tão trágica. Por mais que nos esforcemos, ainda hoje, não somos capazes de compreender como aquilo foi possível. E podemos ter certeza de que jamais compreenderemos. Mas também temos certeza de que não podemos perdoar, e que jamais devemos esquecer.

Decidi regressar a Colônia depois desses setenta anos para dizer à geração atual de alemães que não carregue o fardo de culpa e vergonha da geração passada. Os pecados dos pais, embora imperdoáveis e incompreensíveis para nós hoje, não devem pesar sobre filhos e filhas.

O ódio só gera ódio. A tolerância deve ser o objetivo do futuro, de toda a raça humana. A tolerância deveria ter sido o objetivo dos agressores do passado. Também deve ser o objetivo de suas vítimas.

Em nome da minha esposa, da minha família e dos outros sobreviventes de Litzmannstadt-Łódź aqui conosco hoje, agradeço ao Senhor Prefeito e à cidade de Colônia pelo convite e pelo acolhimento tão bondosos."

Epílogo

Depois de se graduar pela UCLA, em 1954, Henry Oster complementou sua formação em optometria, obtendo bacharelado em ciências e doutorado em optometria, junto a Southern California College of Optometry, em 1957.

Ele permaneceu na referida instituição de ensino, atuando como professor associado, de 1957 a 1983.

Trabalhou como membro da equipe do Departamento de Optometria do Centro Médico Los Angeles Cedars-Sinai ao longo de cinquenta anos, de 1957 a 2007, tendo sido chefe do referido departamento de 1989 a 2004.

Aos setenta e cinco anos, em 2004, ingressou na Fundação Médica Kaiser Permanente, na condição de optometrista da equipe, e ali serviu até se aposentar, em 2014.

Atuou também em seu consultório particular de optometria, localizado em Beverly Hills, na Califórnia, durante cinquenta e seis anos, de 1957 a 2013.

O Dr. Oster foi admitido como membro da Academia Norte-Americana de Optometria, em 1971. Recebeu o prêmio People First, referente à costa oeste dos Estados Unidos, concedido pela companhia Vision Service Plan, em reconhecimento às décadas de trabalho voluntário, quando ofereceu serviços optométricos gratuitos a pessoas que não tinham condições financeiras de custeá-los.

Foi homenageado como membro vitalício da Associação Norte-Americana de Optometria e da Associação Optométrica da Califórnia.

A partir de 1977, o Dr. Oster deu palestras mensais sobre suas experiências como sobrevivente do Holocausto, no Museu da Tolerância/Centro Simon Wiesenthal, em Los Angeles, na Califórnia.

Ele residia em Woodland Hills, na Califórnia, com a esposa, Susan Oster. E teve quatro enteados: Lisa, Harriet, David e Andrew. Além de seis netos.

Quando se aposentou, aos oitenta e seis anos, o Dr. Oster, finalmente, teve tempo para se dedicar à sua atividade predileta: o que ele chamava de "passear com Susan".

Ele e Ivar Segalowitz, que também se mudou para os Estados Unidos depois da guerra, ainda eram amigos íntimos quando Ivar faleceu, em 2014.

Henry foi o último sobrevivente dos 2.011 judeus presos pelos nazistas e deportados à força, de Colônia, no outono de 1941.

Henry Oster faleceu em 17 de março de 2019, após breve batalha com uma cepa virulenta de câncer de pulmão.

Caro leitor,

Muito obrigada por ler nosso livro. Meu falecido marido, Henry Oster, e eu viajamos pelos Estados Unidos e pela Europa, locais onde Henry falava sobre sua experiência. A missão dele era a educação, e ele compartilhava sua história em escolas, museus, universidades, igrejas, sinagogas e grupos de jovens. Envolver-se com a geração mais jovem era algo de extrema importância para Henry. Meu marido era apaixonado pela ideia de oferecer aos jovens uma visão da experiência por ele vivida e, sobretudo, pela possibilidade de divulgar a verdade acerca das atrocidades que ocorreram. Todos já ouvimos a frase "nunca mais", proferida em referência ao Holocausto, e Henry viveu isso, todos os dias, e em todo o seu trabalho.

Henry viveu comprometido em criar um mundo mais benevolente, mais amigável.

À medida que a geração de sobreviventes do Holocausto diminui, precisamos de pessoas como você para nos ajudar a compartilhar esses contundentes relatos em primeira mão, conforme é o caso do testemunho deixado por Henry. Se você se comoveu ao ler *O cavalariço de Auschwitz*, agradeceríamos se falasse sobre a experiência de leitura nas redes sociais. Isso ajudará outras pessoas a descobrir a história de Henry também.

Em carinhosa memória do Dr. Henry Oster, um homem cujo copo estava SEMPRE meio cheio.

Obrigada,
Susie Oster

Agradecimentos

Obrigado a Judith Cohen, Michael Levy e Caroline Waddell, junto à coleção de referência dos arquivos de fotos do Museu Memorial do Holocausto dos Estados Unidos, pela assistência generosa e pelas imagens inestimáveis que nos forneceram. A Dra. Karola Fings, do Centro Nacional de Documentação Socialista da Cidade de Colônia (NSDOK), na Alemanha, pela investigação acerca da deportação de judeus de Colônia, bem como pelo apoio oferecido à pesquisa que realizamos para elaborar este livro. Ao meu falecido irmão mais velho, David Kent Ford, que empunhou um lápis vermelho e afiado, e insistiu que "German Shepherd" fosse grafado na forma "German shepherd", embora tal forma significasse "alemão que cuida de ovelhas". À adorável esposa inglesa de Henry, Susan Oster, outra implacável revisora e gramática, que não sabia que nos Estados Unidos escrevemos "realize" com "z". A Mike Gullickson, colega escritor que nos ajudou a navegar pelo labirinto da publicação independente, à época de nossa primeira edição. E à minha esposa, Kathy Jane Ford, e aos nossos filhos, Brian Carolus, Christina Carolus e Tiffany Jane (TJ) Ford, que me apoiaram e toleraram durante anos em que, no final de cada jornada de escrita, saí do meu escritório resmungando feito um urso perturbado e irritadiço, depois de passar mais um dia comovente "vivendo" em Łódź, Auschwitz ou Buchenwald com o jovem Henry. E, lógico, agradeço àquela força da natureza, também conhecida como Henry Oster, um dos seres humanos mais inspiradores que já conheci.

Dexter Ford

Heinz (Henry) Oster, aos cinco anos, com seu pai, Hans Isidor Oster, em Colônia, na Alemanha, 1933.

Elisabeth Haas Oster e Heinz (Henry) Oster, 1928.

Heinz (Henry) Oster, seis anos. Colônia, Alemanha, 1934.

Propaganda nazista dirigida às crianças alemãs. Ilustração de um livro infantil antissemita, publicado em 1936, na Alemanha, intitulado *Trust no Fox on his Green Heath, And No Jew on his Oath* [Não confie em raposa na sua charneca verdejante, nem em judeu no seu juramento, em tradução livre], que incentivava crianças alemãs a excluírem colegas judeus nas escolas. "Fora com toda a raça judaica", diz o texto. O livro foi publicado pelo influente nazista Julius Streicher e escrito por Elvira Bauer, uma alemã de apenas dezoito anos, estudante de arte.

Reunião da Juventude Hitlerista, Berlim, Alemanha, 1933.

Passeio da família Haas, em Colônia, Alemanha, por volta de 1924.
Elisabeth Haas, mãe de Henry Oster, ao centro, está segurando o remo.

Reunião nazista, Nuremberg, Alemanha, 1934.

Prisioneiros judeus atravessando a ponte do gueto sobre os trilhos do bonde, Łódź, Polônia.

Crianças judias fazem fila para tomar sopa no gueto de Łódź, Polônia. Dos 204 mil judeus que passaram pelo gueto de Łódź, apenas cerca de 10 mil sobreviveram à guerra. As crianças pequenas geralmente eram separadas dos pais e enviadas para a morte no campo de extermínio de Chełmno, na Polônia.

Crianças em condição de trabalho escravo na marcenaria, em Łódź. Henry Oster, aos treze anos, trabalhou no lugar por um dia, antes de conseguir ocupação na lavoura do gueto.

Mulheres e crianças judias caminhando para as câmaras de gás de Birkenau. Este grupo, da região da Rutênia Subcarpática da Hungria (hoje parte da Ucrânia), foi selecionado para morrer ainda na plataforma ferroviária de Birkenau, assim como a mãe de Henry Oster, Elisabeth Haas Oster.

Portão principal de Auschwitz I, onde Henry Oster foi selecionado para enfrentar um pelotão de fuzilamento em represália a uma tentativa de fuga de prisioneiros polacos.

Prisioneiros judeus durante a marcha da morte, depois de deixarem o campo de concentração de Dachau, nos arredores de Munique, na Alemanha. A foto foi tirada secretamente por um corajoso civil alemão, em Grünwald, Alemanha.

Appell (chamada) no campo de concentração de Buchenwald, nas proximidades de Weimar, Alemanha.

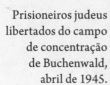

Prisioneiros judeus libertados do campo de concentração de Buchenwald, abril de 1945.

Vítimas do Trem da Morte de Dachau, que partiu de Buchenwald com destino ao campo de concentração de Dachau, em 7 de abril de 1945, apenas quatro dias antes de Buchenwald ser libertado pelo Terceiro Exército dos EUA. Henry Oster foi submetido às mesmas condições, num vagão semelhante, na viagem de Auschwitz a Buchenwald.

Sobrevivente de Buchenwald, 11 de abril de 1945.

Adolescentes sobreviventes, campo de concentração de Buchenwald, abril de 1945.

Os cidadãos alemães de Weimar, cidade situada a poucos quilômetros de Buchenwald, receberam ordens do Exército dos EUA para testemunhar as atrocidades e condições desumanas do campo de concentração. Vestidos com suas melhores roupas de domingo, foram escoltados durante um "passeio" macabro pelos barracões, pela forca, pelos crematórios e pelas pilhas de cadáveres que a SS não conseguiu incinerar.

Culto-memorial em que o Rabino Schacter leu o *Kaddish*, em Buchenwald. Há cinco meninos sentados num banco, à direita do Rabino Schacter, voltados para a multidão. O garoto do meio, de bibico do Exército Alemão, é Henry Oster.

Cartão de registro de Henry (Heinz) Oster, emitido pela SS e resgatado pelos Aliados nos arquivos do campo de concentração de Buchenwald (*Konzentrationslager*). O cartão detalha a data de nascimento (05/11/1928), o endereço residencial (Brabanterstrasse 12, Koln — Colônia), os nomes do pai e da mãe (Isidor e Elisabeth Oster), a detenção em Łódź (chamada *Litzmannstadt* pelos alemães), a detenção em Auschwitz e a data de chegada em Buchenwald (23/01/1945). Exibe também dois números de identidade: o número que aparece no canto superior direito, 119.497, era o do registro de detento, exibido no paletó do uniforme, listrado de azul. O número manuscrito, visível na parte superior, B7648, foi tatuado no braço esquerdo de Henry.

Cartão de saúde de Henry (Heinz) Oster, libertado do campo de concentração de Buchenwald. O cartão mostra que ele foi detido na condição de prisioneiro político (*Polit. Jude*) somente por ser judeu, pois tinha apenas doze anos quando foi apreendido. Consta uma cicatriz resultante de uma apendicectomia (*Blinddarmoperation*), realizada em 1936. Quando foi avaliado em Buchenwald pela SS, aos dezesseis anos, ele media apenas um metro e meio de altura (154 cm) e pesava 37 kg. Quando foi libertado pelo Terceiro Exército dos EUA, seu peso tinha decaído para 35 kg.

Adeus a Buchenwald. Os meninos sobreviventes foram levados pelo portão principal, formando um grupo regimentado, como haviam feito tantas vezes antes sob as ordens dos alemães. Mas, dessa vez, dirigiam-se à França e à liberdade.

Joe Dziubak escreve uma pergunta que não quer calar, dirigida ao povo germânico, na lateral externa do trem que partiu de Buchenwald: "Cadê nossos pais?"

No trem: de Buchenwald a Ecouis, França.

"KL Buchenwald Waisen (orphelins)". Em português: "Órfãos do campo de concentração de Buchenwald."

O Rabino Robert Marcus, capelão do Exército dos EUA, conduziu os 427 meninos libertados de Buchenwald, em seu êxodo, da Alemanha até o sanatório adaptado para orfanato, em Ecouis, na França. Henry Oster, usando bibico do Exército Alemão, é o menino à esquerda, olhando diretamente para a câmera, bem na frente da mulher de suéter.

Ecouis, França: turma de 1945. Henry Oster está na terceira fila, de baixo para cima, à direita, agachado na frente do menino de pé que veste um paletó com lapela larga.

Henry Oster, palhaço da turma, Ecouis, França, 1945. (Detalhe da foto acima)

Cartão de identificação francês de Henry (Heinz) Oster.

Henry Oster e Ivar Segalowitz, Paris, 1945.

Henry Oster (primeiro à esquerda) e Ivar Segalowitz (ao lado de Henry) junto aos artesanatos em madeira, em Ecouis. O objeto criado por Henry, que expressa uma sensação de liberdade — um garoto acorrentado que derruba muros e contempla o sol —, pode ser visto à direita do moinho de vento.

Outro cartão de identificação francês, explicitando a estada de Henry Oster em Łódź, Polônia, e sua libertação de Buchenwald, em 11 de abril de 1945.

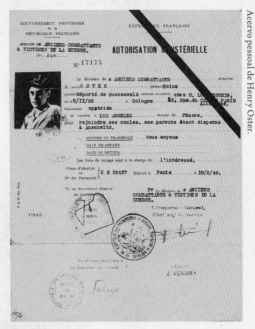

Passaporte francês de Henry detalha a morte de sua mãe, em Auschwitz, e sua emigração para morar com o tio em Los Angeles.

Henry Oster e Ivar Segalowitz, Paris, 1945.

Henry Oster, Nova York, 1946.

Henry Oster e seus tios, Bertha e Herbert Haas, Los Angeles, 1946.

Formatura do ensino médio, Escola Secundária Belmont.

Henry Oster e Herbert Haas no posto de gasolina da Atlantic Richfield, administrado por Herbert, em Wilshire Boulevard, Los Angeles.

Henry Oster, cidadão estadunidense no *campus* da Universidade da Califórnia em Los Angeles (UCLA).

O memorial Stolpersteine — "pedras de tropeço" — referente a Hans Isidor Oster e Elisabeth Haas Oster, pais de Henry Oster, diante do número 15, Blumenthalstrasse, em Colônia, Alemanha.

Este livro foi composto na tipografia Arno Pro,
em corpo 12/16, e impresso em
papel off-white no Sistema Cameron da
Divisão Gráfica da Distribuidora Record.